CONTENTS

CONTENTS

INTRODUCTION

This brand-new Arabic vocabulary book from Chambers has been compiled to meet the needs of students of Arabic, and is particularly useful for those taking school examinations.

This pocket-sized guide contains over 7,500 modern vocabulary items in 66 subject areas, so users have all the language needed for a particular topic at their fingertips. Words are grouped thematically within each section, followed by example sentences showing vocabulary in context and illustrating tricky structures. Modern Standard Arabic is used throughout, and informal expressions (labelled *Inf*) are also shown.

Boxed notes draw the user's attention to points of difficulty or confusion, while 'Homework help' sections provide inspiration for essay writing or oral presentations. Finally, this lively volume features a smart, colour design to make consultation even easier and more enjoyable.

An index of approximately 2,000 words has been built up with specific reference to school exam requirements. This index is given in English with cross-references to the section of the book where the Arabic vocabulary item is given.

A note on the presentation of verbs

There is no infinitive form of the verb in Arabic. To aid the user, most Arabic verbs listed in this guide are presented in their three most common forms: **past tense**, **present tense** and **verbal noun**. Where the verbal noun is not in use, or is used in a different sense from the verb itself, it has been omitted.

For more on the grammar and usage of Modern Standard Arabic, readers can refer to 'Chambers Arabic Grammar' also available in this series.

Abbreviations used in the text:

m	masculine
f	feminine
Inf	informal
®	registered trade mark

PRONUNCIATION GUIDE

Arabic is written from right to left. The Arabic alphabet has 28 letters and is made up of consonants, three long vowels and a number of special letters and symbols. The following table shows the Arabic alphabet, with the approximate pronunciation of the letters given in English sounds:

Letter	Name	Pronunciation
ا	`alif	cab/care
ب	bā`	**b**ar
ت	tā`	**t**en
ث	thā`	**th**in
ج	jīm	**j**oke
ح	ḥā`	**
خ	khā`	Ba**ch**/lo**ch**
د	dāl	**d**og
ذ	dhāl	**th**at
ر	rā`	rolled **r**
ز	zāy	**z**igzag
س	sīn	**s**it
ش	shīn	**sh**ut
ص	ṣād	**
ض	ḍād	**
ط	ṭā`	**
ظ	ḏhā`	**

ع	'ayn	**
غ	ghayn	**
ف	fā`	foot
ق	qāf	**
ك	kāf	kettle
ل	lām	leg
م	mīm	mosque
ن	nūn	never
ه	hā`	hat
و	wāw	wet/loot
ي	yā`	yes/feet

** There are no equivalent sounds in English for these letters. The following should act as a guide to their pronunciation:

Letter	Name	Pronunciation
ح	hā`	a very breathy '**h**'
ع	'ayn	an '**ah**' sound coming from the very back of the throat
غ	ghayn	similar to a French '**r**' from the throat, or the sound produced when gargling
ق	qāf	a '**k**' from the very back of the throat

The following four letters are spoken with the tongue placed halfway back along the roof of the mouth:

Letter	Name	Pronunciation
ص	Ṣād	**s**ob
ض	ḍād	**d**ot

ط	ṭā'	top
ظ	dhā'	though

There is also a glottal stop, called hamza. This sound may be written ء on its own, or in combination with one of the three vowel letters as ؤ, أ, or ئ, depending on the vowels which precede and follow it.

Arabic has three long vowels and three short vowels. The three long vowels ا (`alif), و (wāw) and ي (yā') are shown in the 28 letters of the alphabet.

Short vowels are shown as marks above or below the consonant, but are generally not written except in dictionaries, texts for children and the Qur'an. All the Arabic words in this guide have been given with their short vowels, which are pronounced as follows:

Vowel	Name	Pronunciation
◌َ	fatha	cat
◌ُ	dhamma	put
◌ِ	kasra	sit
◌ْ	sukūn	used when no vowel follows the consonant

شَعْر وزينَة 1
DESCRIBING PEOPLE

كانَ – يكونُ	to be
ذو/ذات	to have
بَدا – يَبْدو	to look
قاسَ – يَقيسُ – القِياس	to measure
وزَنَ – يزِنُ – الوزْنُ	to weigh (person)
وصَفَ – يَصِفُ – الوَصْف	to describe

مَظْهَر	appearance
وصْف	description
نظَّارة	glasses
ثقْب	piercing
وشْم	tattoo
جُرْح	scar

إلى حدٍّ ما	quite
بَعْض الشَّيْئ	rather
أكْثَر مِمَّا يَنْبَغي	too
جِدا ✓	very
قَليلاً	a little, a bit

صَغير	young
كَبير	old
جَميل	beautiful
وسيم	handsome
حسَن المَظْهَر	good-looking

حُلو	sweet, cute
جَميل	pretty
جَذّاب	attractive
أنيق	elegant
قَبيح	ugly
عَلى المُوضة	trendy
رَثّ	scruffy
يَمينيّ	right-handed
أعْسَر	left-handed

الجِسْم — the body

طول	height
وَزن	weight
طَويل	tall
قَصير	small, short
مُتَوَسّط الطُول	of average height
سَمين	fat
رَفيع	thin
نَحيف	slim
هَزيل	skinny
بَدين	overweight
مَلْفوف	curvy
مُمْتَلئ	stocky
مَفْتول العَضَلات	muscular
قَوِيّ	strong
قَوِيّ البِنْية	well-built

جِلْد — skin

بَشَرة	complexion
أسْمَر	sun-tanned

أَشْقَر	fair-skinned
شاحب	pale
أَبْيَض	white
أَسْود	black
أَسْيوي	Asian
شَرْقي	Oriental
مُختلط الأَعْراق	mixed-race

حَبَّة	spot, pimple
طابِع الحُسْن	mole, beauty spot
نَمَش	freckles
تجاعيد	wrinkles

شَعْر   hair

ذو / ذات شَعْر ...	to have ... hair
قصير	short
أَشْقَر	blonde, fair
بُنِّي	chestnut, brown
أَسْوَد	black
أَحْمَر	red, ginger
أَشْيَب	greying, grey
أَبْيَض	white
ناعِم	straight
مُجَعَّد	curly
مُموَّج	wavy
خَشِن	frizzy
كَنيش	Afro-Caribbean

أَشْقَر – ذو شَعْرٍ أَشْقَر	blonde, fair-haired
أَسْود الشَّعْر	dark-haired

أَحْمَر الشَّعْر	redheaded

ذو / ذات هُدْب	to have a fringe
لَوَّنَ خُصَلات من الشَّعْر	to have highlights
شَعْر كَنيش	to have an Afro
رَأْس حَليق	to have a shaved head
صَلِع	to be bald

لِحْيَة	beard
لِحْيَة نابِتَة	stubble
شارِب	moustache
لِحْيَة صَغيرَة	goatee

عُيون — **eyes**

ذو / ذات عُيون ...	to have ... eyes
زَرْقاء	blue
خَضْراء	green
رَمادية	grey
بُنِّية	brown
سَوْداء	black

شَعْرُها أَشْقَر طَويل	ما شَكْلُه؟
she's got long blonde hair	what's he like?

| هي سَمْراء | هي سَوْداء الشَّعْر |
| she's sun-tanned | she's dark-haired |

| كَبُر | هو طَويل |
| he has grown | he's tall |

| كَمْ وَزْنُك؟ | كَمْ طولُك؟ |
| how much do you weigh? | how tall are you? |

هَذه المَرأة تَبدو غَريبةٌ بَعضَ الشَّئ
that woman looks a bit odd

هي جَذّابة جداً
she's very attractive

تَبدو مُتعَبة
she looks tired

قَوامُها جَميل
she's got a good figure

يَرتدي نَظَارة
he wears glasses

هي رائعةُ الجَمَال
she's gorgeous

قَامَ بِثقب حاجبه
he's got his eyebrow pierced

Note

Arabic does not normally use a verb to express 'to have' and ذات/ذو (literally 'possessing') is just one way to express the idea of possession.

See also sections:

2 CLOTHES AND FASHION, 3 HAIR AND MAKE-UP, 4 THE HUMAN BODY, 6 HEALTH, ILLNESSES AND DISABILITIES *and* **63 DESCRIBING THINGS**.

مَلابِس ومُوضَة 2
CLOTHES AND FASHION

لَبِسَ – يَلبَسُ – اللُّبْس	to dress/to get dressed
تَعَرَّى – يَتَعَرَّى – التَعَرِّي	to undress/to get undressed
وَضَعَ – يَضَعُ – الوَضْع	to put on
خَلَعَ – يَخْلَعُ – خَلْع المَلابِس	to take off
أَبْدَل – يُبْدِل – إبْدال الثِياب	to change
قاسَ – يقِيسُ – القِياس	to try on
لَبِسَ – يَلبَسُ – اللُّبْس	to wear
ارْتَدَى – يَرْتَدِي – الارتِداء	to have on
لاءَمَ – يُلائِمُ – المُلائَمَة	to suit
ناسَبَ – يُناسِبُ	to fit

مَلابِس	**clothes**
مِعْطَف	coat, overcoat
مِعْطَف فِراء	fur coat
مِعْطَف مَطَر	raincoat
مِعْطَف بِغطاء للرَأْس	parka; anorak
سُتْرَة بِدُون أكْمام	body-warmer
مِعْطَف صُوفِي	fleece
جاكِيت	jacket
بِلِيزر	blazer
شال	poncho

بَدْلَة	suit
بَدْلَة حَرِيمِي	lady's suit
زِيَ مُوَحَّد	uniform

زِيّ مَدْرَسِيّ	school uniform
بَنْطَلون	trousers
أوفرول	dungarees
جينز	jeans
بَنْطَلون عَسْكَري	combat trousers
بَنْطَلون واسِع الأَرْجُل	flares
بَذْلة رياضية	tracksuit
شورت	shorts
فُسْتان	dress
فُسْتان سَهْرة	evening dress
تَنورة	skirt
تَنورة قَصيرة	mini-skirt
جوب شورت	culottes
تَنورة اسكتلندية	kilt
فُسْتان بِدُون أَكْمام	pinafore dress
بُرْقُع	burqa
ساري	sari
قَفْطان	kaftan
جِلْباب	jilbab (traditional full-length long-sleeved Arab dress)
عَباءة	cloak
عَمامة	turban
شِماغ ، غُتْرة	traditional head cover for men
سُتْرة	jumper, sweater
سُتْرة بِرقَبة	polo neck (jumper)
صَديري	waistcoat
سُتْرة بِغَطاء للرَأْس	hoodie, hooded top
قَميص	shirt

بلوزة	blouse
تي شيرت	T-shirt
صديري	vest top
قميص نوم	nightdress
بيجامة	pyjamas
روب	dressing gown
بيكيني	bikini
مايوه	swimming costume/trunks
سوتيان	bra
كلوت	(under)pants, thong
شورت	boxer shorts
جونيلة	petticoat
جيبونة	underskirt
كولون	tights
ستريتش	leggings
جورَب	socks
أَحْذية	**footwear**
حذاء	shoes
بوت	boots
حذاء للمَطَر	Wellington boots
حَذاء بدون كَعْب	flat shoes
حذاء بكَعْب عَال	high heels
حذاء رياضيّ	trainers
صَنْدَل	sandals
خُفّ	slippers
حِذاء تَزلُّج على الجليد	ski boots
نَعْل	sole

كَعْب	heel
زَوْج	a pair of

أكْسِسْوارات — **accessories**

قُبَّعَة	hat
كاب	cap
بونيه	beanie hat, woolly hat
كوفِيَّة	scarf
غِطاء رَأْس	(head)scarf
حِجاب	hijab *(traditional head covering for Muslim women)*
قُفَّاز	gloves
رَبْطة عُنُق	tie
بابيون	bow tie
حَمَّالة	braces
حِزام	belt
ياقة	collar
جَيْب	pocket
أزْرار قميص	cufflinks
مِنْديل	handkerchief
مِظلَّة	umbrella
شَريط	ribbon
زِرّ	button
سَحَّاب	zip
حِزام	strap
مِشْبك مَعْدِني	buckle
شَريط مُثَبِّت	Velcro®
رِباط حِذاء	shoelaces
حَقيبة يَد	handbag
حَقيبة ظَهْر	rucksack

حَقيبَة خَصْر	bumbag
حَقيبَة رِياضِية	sports bag

مُجَوْهَرات — **jewellery**

جَوْهَرة	jewel
فِضّة	silver
ذَهَب	gold
حَجَر ثَمين	precious stone
لُوْلُوَة	pearl
أَلْماس	diamond
زُمُرُد	emerald
ياقوت	ruby
زَفير	sapphire
عُقْد	necklace
عُقْد لُوْلُوْ	pearl necklace
سِلْسِلة	chain
دَلّاية	pendant
خاتَم	ring
خاتَم زَواج	wedding ring
سِوار	bracelet, bangle
أَنْسِيال	charm bracelet
حَلَق	earrings
حَلَقة لِلأَنْف	nose ring
حِلْية لِلأَنْف	nose stud
بَروش	brooch
ساعَة يَد	wristwatch

مَقاس — **size**

مَقاس اليّاقة	collar size
قِياس الخَصْر	hip measurement

قِياس الصَّدْر	bust/chest measurement
قِياس الوَسَط	waist measurement
صَغير	small
مُتَوَسِّط	medium
كَبير	large
قَصير	short
طَويل	long
واسِع	wide
فَضْفاض	loose-fitting
ضَيِّق	narrow, tight
طِراز	**style**
لَوْن	colour
دَرَجة لَوْن	shade
شَكْل	pattern
سادة	plain
مَطْبوع	printed
مُطَرَّز	embroidered
كاروه	check(ed)
مُطَرَّز بالورود	flowered, flowery
بِكَسْرات	pleated
مُنَقَّط	spotted
مُقَلَّم	striped
أنيق	smart
رَسْمي	formal
غير رَسْمي	casual
بَسيط	simple, plain
على المُوضة	fashionable

مُوضَة قَديمة	out of fashion

مُوضَة	**fashion**
مَجموعة (الشتاء)	(winter) collection
صِناعة المَلابِس	clothing industry
صِناعة الأزْياء	fashion industry
حِياكة	dressmaking
مَلابِس من مُصَمّم أزْياء	designer clothes
تَرزي	dressmaker
مُصَمّم أزْياء	fashion designer
عارِضة أزْياء	fashion model
عَرْض أزْياء	fashion show
عَرْض الأزْياء	catwalk

أُريد تَنّورة تُناسِب هذا القَميص
I'd like a skirt to match this shirt

هَل يُمْكِنني قِياس هذا البَنْطلون؟
can I try these trousers on?

يَجِبُ أنْ أُبَدِّل مَلابِسي أولاً
I have to get changed first

اللوْن الأحْمَر لا يُناسِبُني
red doesn't suit me

هي جَميلة الهِنْدام
she's very well dressed

هي تَلبس فُسْتاناً أزْرق
she has a blue dress on

رَبْطة العُنُق هذه لا تُناسِب السُتْرة
that tie doesn't go with the jacket

ما مَقاسَك / مَقاس حِذائك؟
what is your size/shoe size?

هذا البَنْطلون يُناسِبك
these trousers suit you

هذه السُتْرة مُناسِبة تَماماً
this jacket is a good fit

See also sections:

14 LIKES AND DISLIKES, 18 SHOPPING, 64 COLOURS *and* **65 MATERIALS.**

3 شَعْر وزِينَة
HAIR AND MAKE-UP

مَشَّطَ – يُمشِّطُ – تَمْشِيط الشَّعْر	to comb one's hair
مَشَّطَ – يُمشِّطُ – تَمْشِيط الشَّعْر بالفرشاة	to brush one's hair
قَصَّ – يقُصُّ – قَصّ الشَّعْر	to have one's hair cut
مَوَّجَ – يُمَوِّجُ – تَمْوِيج الشَّعْر	to have one's hair curled, to have a perm
فَرَدَ – يَفْرُدُ – فَرْد الشَّعْر	to have one's hair straightened
صَبَغَ – يَصْبغُ – صَبْغ الشَّعْر	to dye one's hair
صَبَغَ – يَصْبغُ – صَبْغ خُصْلات من الشَّعْر	to have highlights put in
وَصَلَ – يَصِلُ – وَصْل الشَّعْر	to have extensions put in
جَفَّفَ – يجفِّفُ – تَجْفِيف الشَّعْر	to dry one's hair
وَضَعَ – يَضَعُ – وَضْع الزِّينة	to put one's make-up on
أزالَ – يُزِيلُ – إزالة الزِّينة	to remove one's make-up
لَوَّنَ – يُلَوِّنُ – تَلْوِين الأظافر	to paint one's nails
عَمِلَ – يَعْمَلُ – عمل مانيكير	to have a manicure
عَمِلَ – يَعْمَلُ – عمل باديكير	to have a pedicure
وَضَعَ – يَضَعُ – وَضْع العطر	to put on perfume
حَلَقَ – يَحْلِقُ – حَلْق	to shave
أزالَ – يُزِيلُ – إزالة شعر السَّاقين	to have one's legs waxed
أزالَ – يُزِيلُ – إزالة شعر السَّاقين	to shave one's legs
أزالَ – يُزِيلُ – إزالة الشَّعْر	to wax
نَتَفَ – يَنْتِفُ – نَتْف شعر الحاجبين	to pluck one's eyebrows

تَسْريحات الشَّعْر	**hairstyles**
ذو / ذات شَعْر ...	to have ... hair
دُهْني	greasy
جاف	dry
لامِع	shiny
هُدْب	fringe
ذَيْل حصان	ponytail
كَعْكة	bun
جَديلة	plait
ضَفيرة	pigtail
تَمَوُّج	curl
خُصْلة (شَعْر)	lock (of hair)
تَلْوين الخُصْلات	highlights
قَصّة (شَعْر)	(hair)cut
تَمْويج	perm
مِشْط	comb
فُرْشاة شَعْر	hairbrush
حلية للشَّعْر	hairslide
دَبّوس شَعْر	hairpin
رولو	roller, curler
مُجَفِّف شَعْر	hairdryer
مكْواة شَعْر	hair straighteners
شَعْر مُسْتَعار	wig
شامبو	shampoo
مُنتَجات العناية بالشَّعْر	styling products
موس	mousse
جيل	gel
سبراي للشَعْر	hair spray

شَمْع   wax

زينَة   **make-up**

جَمال   beauty

كريم مُرطِّب   moisturizer

مُنظِّف   cleanser

مُنظِّف للبشَرة   toner

مُرطِّب شفاه   lip balm

مسْحوق   powder

أحمَر شفاه   lipstick

مُلمِّع شفاه   lip gloss

مُحدِّد شفاه   lip liner

ماسكارا   mascara

مُحدِّد للعُيون   eyeliner

كُحْل   kohl

ظلّ للجُفون   eye-shadow

ملقاط   tweezers

طلاء أظافر   nail varnish

مُزيل طلاء الأظافر   nail varnish remover

عطْر   perfume

ماء كولونيا   cologne

مُعطِّر جسْم   deodorant

سُمْرَة مُسْتعارَة   fake tan

حنّاء   henna

حلاقَة   **shaving**

مُوسى (حلاقَة)   razor

ماكينة حلاقَة كهْربية   electric shaver

شُفْرَة   razor blade

فُرْشاة حلاقَة   shaving brush

صَابونَة حِلاقَة	shaving soap
بَعْد الحِلاقَة	aftershave
إزالة الشَّعْر	waxing
إزالة الشَّعْر الدائمة	electrolysis

شَعْرُها ضَفائر	هي تَضعُ الكَثير من الماكياج
she wears her hair in plaits	she wears a lot of make-up
عملت ماساج	لا أَضعُ العُطور أبداً
I've had a massage	I never wear perfume

See also section:

1 DESCRIBING PEOPLE.

جِسْم الإنْسَان 4
THE HUMAN BODY

أجْزاء الجِسْم	**parts of the body**
رأس	head
جِسْم	body
عُضْو	organ
طرف	limb
عضلة	muscle
عظمة	bone
هيْكل عظْمي	skeleton
لحْم	flesh
جلْد	skin
دَم	blood
وريد	vein
شرْيان	artery

الرَّأْس	**the head**
جُمْجُمة	skull
فرْوة رأْس	scalp
مُخْ	brain
شعْر	hair
رقبة	neck
حنْجرة	throat
وجْه	face
ملامح	features
جبهة	forehead

حَاجِبان	eyebrows
رُموش	eyelashes
عَينان	eyes
جُفون	eyelids
بُؤْبُؤ	pupils
أنْف	nose
خَدّان	cheeks
عِظام الخَدّين	cheekbones
أُذَنان	ears
فَك	jaw
ذَقْن	chin
طابِع حُسْن	dimple
فَم	mouth
شِفاه	lips
لِسان	tongue
سِنّ	tooth

الجِسْم	**the body**
كَتِف	shoulder
صَدْر	chest, bust
ثَديان	breasts
مَعِدة	stomach
ظَهْر	back
وَسْط	waist
وِرْك	hip
مُؤَخِّرة	behind, bottom
عَمُود فِقَري	spine
ضِلْع	rib
قَلْب	heart
رِئَتان	lungs

كَبِد	liver
كِلْيَتان	kidneys
مَثانة	bladder
الأَطْراف	**the limbs**
ذِراع	arm
كُوع	elbow
يَد	hand
مِعْصَم	wrist
قَبْضة	fist
إصْبِع	finger
خِنْصِر	little finger, pinkie
سَبّابة	index finger
إبْهام	thumb
ظُفْر	nail
رِجْل	leg
فَخِذ	thigh
رُكْبة	knee
كاحِل	ankle
قَدَم	foot
كَعْب	heel
إصْبِع قَدَم	toe

See also sections:

6 HEALTH, ILLNESSES AND DISABILITIES *and* **7 MOVEMENTS AND GESTURES**.

كَيْفَ حَالُكَ؟ 5
HOW ARE YOU FEELING?

شَعَر – يَشْعُر – الشُّعور ...	to feel ...
سَليم	fit
في أَحْسَن حال	on top form
نَشيط	energetic
مُتْعَب	tired
مُرْهَق	exhausted
خامِل	lethargic
ضَعيف	weak
بِصِحَّة جَيِّدة	healthy, in good health
صَحيح	well
مَريض	sick, ill
مُتَوَتِّر	agitated, restless
مُتْعَب	tired
شِبْه نائِم	half asleep
نائِم	asleep
مُبْتَل	soaked
مُتَجَمِّد	frozen
حارّ	hot
بارِد	cold
جَوْعان	hungry
يَتَضَوَّرُ جُوعاً	starving
عَطْشان	thirsty
مُسْتَريح	comfortable
مُسْتَرْخٍ	at ease
غَيْر مُرْتاح	ill at ease

سَعيد	happy
حَزين	unhappy
مَسْرور	delighted
راض	satisfied
مَلول	fed up

أكْثَر من اللازم	too
تَماماً	totally
كلِّياً	completely
جِدّاً	very
بَعْض الشَّئ	a bit, a little

أشْعُر بأني مُتوعّك
I don't feel well

أنا حَرّان!
I'm boiling!

أنا مُرْهَق!
I'm exhausted!

أشْعُر ببَعْض الضَّعْف
I feel a bit weak

أنا مُتَجمّد!
I'm freezing!

هو في أحْسَن حَال
he's on top form

See also section:

6 HEALTH, ILLNESSES AND DISABILITIES.

6 الصِّحَّة والمَرَض والإعاقَة

HEALTH, ILLNESSES AND DISABILITIES

مَرِض – يَمْرَض – المَرَض	to fall ill
أوْجَعَ – يُوجِعُ – الوَجَع	to hurt, to be sore
نَزَف – يَنْزِف – النَّزْف	to bleed
تَقَيَّأَ – يَتَقَيَّأ – التَقَيُّؤ	to vomit
سَعَل – يَسْعُلُ – السُّعال	to cough
عَطَسَ – يَعْطِسُ – العَطْس	to sneeze
أُغْمِيَ – يُغْمى – الإغْماء	to faint
دَخَل – يدخُل – الدُّخُول في غَيبوبَة	to be in a coma

شَعَرَ – يَشْعُرُ – الشُّعُور ...	to be/to feel ...
سَليم ، جَيِّد	well
تَعْبان ، مَريض	unwell, ill
أحْسَن	better
أسْوأ	worse

عنده / عندها ...	to have ...
ألَم في الأسْنان	toothache/earache
بَرْد	a cold
صُداع	a headache
فُواق	the hiccups
دَوار من شُرْب الكُحُول	a hangover
سُعال	a cough
ارْتِفاع في الحَرارة	a temperature

الطَّمْث	one's period
آلام الطَّمْث	period pain
مَرض السُّكَّر	diabetes
مَرض في القَلْب	heart disease
سرطان (الثَّدي / الجِلْد / الرِّئة)	(breast/skin/lung) cancer

عَانى – يُعَاني – المُعاناة	to suffer from
يُعَاني مِن مَرض في القَلْب	to have a heart condition
كسَر رِجْله / ذِراعه	to break one's leg/arm
لوى كاحِله	to twist one's ankle
أوْجع يَده / ظهْره	to hurt one's hand/back
أصابه البَرْد	to catch a cold

عالَج – يُعَالِج – العِلاج	to treat
ضَمَّد – يُضَمِّد – التَّضميد	to dress (wound)
شَفى – يَشْفي – الشِّفاء	to cure
حجَز – يَحْجِز – حَجْز مَوعد	to make an appointment
اسْتراح – يَسْتريح – الرَّاحة	to rest
الْتأم – يلْتئِم – الالْتئام	to heal up
تَعافى – يتعافى – التَّعافي	to recover
اتَّبع – يتَّبِع – اتبِاع حِمْية	to be on a diet

ورِم – يرِم – الورم	to swell
أصيب – يُصاب – الإصابة بالعدْوى	to become infected
ساءَت – تَسوءُ – سُوء الحَالة	to get worse
مَات – يَموت – المَوْت	to die

مَريض	ill, sick
مُتوعِّك	unwell
بِصحَّة جيِّدة	in good health

حامل	pregnant
عنْده أنيميا	anaemic
مَريض بالصَّرَع	epileptic
مَريض بالسُّكَّر	diabetic
عنْده إمْساك	constipated
مَيِّت	dead

مؤْلِم ، مُوجِع	painful, sore
مُعْدٍ	contagious
خطير	serious
مُلوَّث ، مُصاب بالعَدْوى	infected
وارِم	swollen

مَرَض	disease, illness
وَباء	epidemic
حُمّى	fever
حَرارة مُرْتَفِعة	temperature
ألَم	pain
نَبْض	pulse
فَصيلة دَم	blood group
ضَغْط دَم	blood pressure
عَدْوى	infection
نَوْبة	fit
مَوْت	death

مَرَض **illnesses**

الإيدز	AIDS
التِهاب المَفاصِل	arthritis
رَبْو	asthma
انْفلونْزا الطُّيور	bird flu

الْتِهاب رِئَوي	bronchitis
سَرَطان	cancer
جُدَيري مائي	chickenpox
بَرْد	cold
اِرْتِجاج	concussion
إِمْساك	constipation
الْتِهاب قَناة مَجرى البُول	cystitis
إِسْهال	diarrhoea
صَرَع	epilepsy
انْفلوَنْزا	flu
كَسْر	fracture
حَصْبة أَلْمانِيّة	German measles
نَزيف	haemorrhage
حَساسِية	hay fever
أَزْمة قَلْبِية	heart attack
حُموُضة المَعِدة	heartburn
فَتاق	hernia
عُسْر هَضْم	indigestion
تَلْقيح صِناعي	IVF
سَرَطان الدَّم ، لوكيميا	leukaemia
حَصْبة	measles
الْتِهاب الغُدَّة النُكافِية	mumps
انْهِيار عَصَبي	nervous breakdown
الدَّورة الشَّهرية	period
الطَّمْث	period
الْتِهاب رِئَوي	pneumonia
روماتيزم	rheumatism
جُدَري	smallpox
عَدْوى جِنْسِية	STI (sexually transmitted infection)
ضَرْبة شَمْس	sunstroke

دَرَن	TB
سُل	TB
الْتِهاب الحَلْق	throat infection
تَيْفود	typhoid
قَرْحَة	ulcer
سُعال دِيكي	whooping cough
جُرْح	wound, sore
إِجْهاض	abortion
وِلادة قَيْصَرية	caesarean
وِلادَة	childbirth
مَخاض	labour
سُقوط الحَمْل	miscarriage
طِفْل أَنابِيب	test-tube baby

مُشْكلات الجِلْد — **skin complaints**

حَرْق	burn
جُرْح	cut
خَدْش	scratch
عَضَّة	bite
لَدْغَة حَشَرَة	insect bite
حكّة	itch
دُمَل	abscess
طَفْح جِلْدي	rash
حَبُّ الشَّباب	acne
نَمَش	spots
دَوالي	varicose veins
بَثْرة	wart
مِسْمار القَدَم	corn
بَثْرة	blister

كَدْمَة	bruise
نَدْبَة	scar

عِلاج	**treatment**
مَرَّض – يُمَرِّض – التَّمْرِيض	to look after, to nurse
فَحَص – يَفْحَص – الفَحْص	to examine
وَصَف – يَصِف – وَصْف الدَّواء	to prescribe
قامَ – يَقومُ – القِيام بِجِراحَة	to operate on
خَضَع – يَخْضَع – الخُضوع لِجِراحَة	to have an operation
اسْتَأْصَل – يَسْتَأْصِل – اسْتِئْصال الزّائِدَة الدُّودِيَّة	to remove one's appendix
وَلَدَت – تَلِدُ – الوِلادة	to give birth
عَمِل – يَعْمَل – عَمِل أشِعَّة إكس	to X-ray
بَتَرَ – يَبْتُرُ – البَتْر	to amputate
اسْتَأْصَل – يَسْتَأْصِل – الاسْتِئْصال	to remove
عَمِل – يَعْمَل – عَمِل التَّنَفُّس الاصْطِناعي	to perform CPR

طِبّ	medicine *(science)*
عِلْم الصِّحَّة	hygiene
صِحَّة	health

مُسْتَشْفَى	hospital
عِيادة	clinic
عِيادة (طَبيب)	(doctor's) surgery
مَوْعِد طَبيب	doctor's appointment
عِيادة تَنْظيم الأُسْرة	family planning clinic
رِعاية صِحِّيَّة خاصَّة	private health care
رِعاية صِحِّيَّة حُكومِيَّة	state health care
طَبيب	doctor

دُكتور	doctor
مُمارِس عَام	GP
أخصَّائي	specialist
مُمَرِّض	nurse
مَريض	patient
طَوارِئ	emergency
سيَّارَة إسْعاف	ambulance
نَقَّالَة	stretcher (wheeled)
حَقْن	injection
تَطْعيم	vaccination
عَمَلية جِراحية	operation
تَخْدير	anaesthetic
نَقْل دَم	blood transfusion
أشعَّة إكس	X-ray
عِلاج كيميائي	chemotherapy
عِلاج بالإشعَاع	radiotherapy
جِراحَة تَجْميل	cosmetic surgery
جِراحَة تَعْويضية	plastic surgery
جِراحَة بالأنْف	nose job
جِراحَة تَجْميل الوَجه	facelift
جِراحَة تَجْميل الثدي	breast implants
شَفْط دُهون	liposuction
حِمْيَة	diet
تَدْليك	massage
نَقَاهة	convalescence
انْتكَاسة	relapse
شِفَاء	recovery
أُدوية	**medicines**

علاج	medicine *(remedy)*
دَواء	medicine *(remedy)*
رُوشتَّة	prescription
صَيدَلية	chemist's
مُضاد حيوي	antibiotic
مُسَكِّن للأَلَم	pain killer
أَسْبِرين	aspirin
مُسَكِّن	tranquillizer, pain killer
قُرْص مُنَوِّم	sleeping tablet
مُلَيِّن	laxative
فيتامينات	vitamins
قُرْص	tablet
حَبَّة	pill
حُبوب (تَنْظيم الأُسْرة)	(contraceptive) pill
عازِل طِبّي	condom
مَنْع الحَمْل	contraception
قَطَرات	drops
مَرْهَم	ointment
قُطْن طِبّي	cotton wool
لاصِق	plaster
ضَمادة	bandage, dressing
لاصِق طِبّي	sticking plaster
ضَماد من الجِبْس	plaster cast
فُوطة صِحِّية	sanitary towel
تامباكس	tampon

عِنْدَ طَبيب الأَسْنان	**at the dentist's**
طَبيب أَسْنان	dentist
عِيادة أَسْنان	dental surgery
سِنّ	tooth

حَشْو	filling
طاقم أَسْنان	denture
تَسَوُّس أَسْنان	tooth decay
جِهاز تقويم أَسْنان	brace
قَرْحَة فَم	mouth ulcer

إعَاقات	**disabilities**
مُعاق	disabled
مُعاق عقلياً	mentally disabled
مُتَلازِمَة داون	Down's syndrome
أَعْمى ، كفيف	blind
أَعْوَر	one-eyed
مُصاب بعَمى أَلْوان	colour-blind
مُصاب بقِصَر النظر	short-sighted
مُصاب بطُول النظر	long-sighted
أَصَمّ ، أَطْرَش	deaf
أَبْكَم ، أَخْرَس	mute
أَصَم وأَبْكَم	deaf-mute
أَعْرَج	lame

شَخْص مُعاق	disabled person
شَخْص مُعاق عقلياً	mentally disabled person
شَخْص كفيف	blind person
شَخْص أَصَمّ	deaf person
شَخْص أَبْكَم	mute person
شَخْص أَصَم وأَبْكَم	deaf-mute person

عَصا	stick
عُكَّاز	crutches
كُرْسي مُتَحَرِّك	wheelchair

سَمَّاعة   hearing aid

عنْدي ألَم في الحلْق
I've got a sore throat

أيْن الألَم؟
where does it hurt?

عنْدي غثَيان
I feel sick

رُكْبتي تُوْلمُني
my knee hurts

دَرَجة حرارتي ٣٨
I've got a temperature of 38

قُمْتُ بقياس حرارتي
I took my temperature

عنْده جهاز لتقْويم الأسْنان
he has a brace/braces

خضَعت لجراحة لاستئْصال اللوْزتيْن
she had her tonsils taken out

عنْده موْعد في السَّاعة العاشرة
he has an appointment at 10 o'clock

عنْدي رشْح
I've got a blocked-up/runny nose

أشْعُرُ بتَحسُّن
I'm feeling better

أرْجو لك الشفاء العاجل!
get well soon!

سأخْضعُ لجراحة في رُكْبتي
I'm going to have an operation on my knee

هو / هي في غيْبوبة
he's/she's in a coma

أسْعفوه
they gave him first aid

هي حامل
she's pregnant

هو / هي في المُسْتشْفى
he's/she's in hospital

كُنْتُ أُعاني!
I was in a lot of pain!

بطْني تُوْلمُني
I've got an upset stomach

See also section:

4 THE HUMAN BODY.

حَرَكات وإشارَات 7
MOVEMENTS AND GESTURES

ذهَاب وإيَاب	comings and goings
بَدا – يَبْدُو	to appear
أَسْرعَ – يُسْرِعُ – الإِسْراع	to hurry
اجْتَازَ – يَجْتَازُ – الاجْتِياز	to go through
نَزلَ – يَنْزِلُ – النُّزُول	to go/come down(stairs)
نَزلَ – يَنْزِلُ – النُّزُول من	to get off (train, bus etc)
ركِبَ – يَرْكَبُ – الرُّكُوب	to get on (train, bus etc)
مَشَى – يَمْشِي – المَشْي	to walk
عَرجَ – يَعْرُجُ – العَرَج	to limp
اسْتَمَرَّ – يَسْتَمِرُّ – الاسْتِمْرار	to continue
جَرى – يَجري – الجَرْي	to run
عَبَرَ – يَعْبُرُ – العُبُور	to cross
اخْتَفَى – يَخْتَفِي – الاخْتِفاء	to disappear
انْزَلَقَ – يَنْزَلِقُ – الانْزِلاق	to slide (along)
دَخَلَ – يَدْخُلُ – الدُّخُول	to go/come in
اخْتَبَأَ – يَخْتَبِئُ – الاخْتِباء	to hide
ذَهَبَ – يَذْهَبُ – الذَّهاب للتَّمْشِية	to go for a stroll
رجَعَ – يَرْجِعُ – الرُّجُوع	to move back
غَادَرَ – يُغَادِرُ – المُغَادَرة	to go, to leave
وَصَلَ – يَصِلُ – الوُصُول	to arrive
ابْتَعَدَ – يَبْتَعِدُ – الابْتِعاد	to go away
توَقَّفَ – يتوَقَّفُ – التوَقُّف	to stop
مَرَّ – يمُرُّ – المُرُور بِ	to pass (by)
تمَشَّى – يتمَشَّى – التمْشِية	to have a walk, to stroll
انْطَلَقَ – يَنْطَلِقُ – الانْطِلاق	to set off

ظَهَرَ – يَظْهَرُ – الظُّهُور فَجْأَة	to appear suddenly
بَقِيَ – يَبْقَى – البَقاء	to stay, to remain
عادَ – يَعُودُ – العَوْدَة	to return
قَفَزَ – يَقْفِزُ – القَفْز	to jump
واصَلَ – يُواصِلُ – المُواصَلَة	to go on, to follow
صَعِدَ – يَصْعَدُ – صُعُود (السلم)	to go up (stairs)
تَرَنَّحَ – يَتَرَنَّحُ – التَّرَنُّح	to stagger
تَعَثَّرَ – يَتَعَثَّرُ – التَّعَثُّر	to trip
جاءَ – يَجِيءُ – المَجِئ	to come
عادَ – يَعُودُ – العَوْدَة	to come back/to turn round
تَراجَعَ – يَتَراجَعُ – التَّراجُع	to go back out/down

بِدايَة	beginning
نِهايَة	end
مَدْخَل	entrance
مُغادَرَة	departure
وُصُول	arrival
عَوْدَة	return
مَخْرَج	exit, way out

خُطْوَة	step
قَفْزَة	jump
وَثْبَة	hop

حَرَكات	**actions**
فَتَحَ – يَفْتَحُ – الفَتْح	to open
انْتَهَى – يَنْتَهِي – الانْتِهاء	to finish
لَحِقَ – يَلْحَقُ – اللِّحاق	to catch
عَصَرَ – يَعْصُرُ – العَصْر	to squeeze, to hold tight
جَرَّ – يَجُرُّ – الجَرّ	to drag

خَفَضَ – يَخْفِضُ – الخَفْض	to lower
تَثَاءَبَ – يَتَثَاءَبُ – التَّثَاؤُب	to yawn
أسْقَطَ – يُسْقِطُ – الإسْقاط	to drop
أغْلَقَ – يُغْلِقُ – الإغْلاق	to close
أخَذَ – يَأخُذُ – الأخْذ	to take
وَضَعَ – يَضَعُ – الوَضْع	to place
وَضَعَ – يَضَعُ – الوَضْع (أرضاً)	to put (down)
بَدَأ – يَبْدَأ – البَدْء	to start
دَفَعَ – يَدْفَعُ – الدَّفْع	to push
أخْفى – يُخْفي – الإخْفاء	to hide (something)
ضَرَبَ – يَضْرِبُ – الضَّرْب	to hit, to knock
قَذَفَ – يَقْذِفُ – القَذْف	to throw
رَفَعَ – يَرْفَعُ – الرَّفْع	to lift, to raise
تَحَرَّكَ – يَتَحرَّكُ – التَّحَرُّك	to move
حَرَّكَ – يُحَرِّكُ – التَّحْريك	to move (something)
وَضَعَ – يَضَعُ – الوَضْع	to put
أزالَ – يُزيلُ – الإزالَة	to remove
مَزَّقَ – يُمَزِّقُ – التَّمْزيق	to tear, to rip
أمْسَكَ – يُمْسِكُ – الإمْساك	to hold
أنْهى – يُنْهي – الإنْهاء	to finish (something)
جَذَبَ – يَجْذِبُ – الجَذْب	to pull
لَمَسَ – يَلْمَسُ – اللَّمْس	to touch
اتَّكَأ – يَتَّكِئُ – الاتِّكاء (على)	to lean (on)
جَثَمَ – يَجْثِمُ – الجُثُوم	to squat down
انْحَنى – يَنْحَني – الانْحِناء	to kneel down
رَقَدَ – يَرْقُدُ – الرُّقود	to lie down
جَلَسَ – يَجْلِسُ – الجُلُوس	to sit down
انْحَنى – يَنْحَني – الانْحِناء	to stoop
وَقَفَ – يَقِفُ – الوُقُوف	to stand up

قَامَ – يَقُومُ – القِيام	to get up
اتّكَأ – يَتّكِئُ – الاتّكاء (فَوْق)	to lean (over)
اسْتراح – يَسْترِيحُ – الاسْتِراحة	to (have a) rest

الأَوْضاع — **postures**

جاثِم	squatting
جاثٍ	kneeling
راقِد	lying down
مُنْكفِئ على وجهِه	face-down
مُتّكِئ	leaning
على أَرْبع	on all fours
جالِس	sitting down
راقِد	lying down
واقِف	standing up

إشارات — **gestures**

نَظر – يَنْظُرُ – النَّظر لأَعْلى	to look up
نَظر – يَنْظُرُ – النَّظر لأَسْفل	to look down
لَمَح – يَلْمَحُ – اللَّمْح	to have a (quick) look at
هزّ – يهزّ – هزّ الكتفين	to shrug (one's shoulders)
تجهّم – يتجهّم – التّجهّم	to frown
غَمَز – يَغمِزُ – الغَمْز	to wink
أشار – يُشِيرُ – الإشارة	to make a sign
أشار – يُشِيرُ – الإشارة باليدِ	to signal with one's hand
طأْطأ – يُطأْطِئ – طأْطأة الرَّأس	to nod
رَمَش – يَرْمُشُ – الرَّمْش	to blink
قَرص – يَقْرُص – القرص	to punch
صَفَع – يصْفَعُ – الصَّفْع	to slap
رَكل – يَرْكُلُ – الرَّكْل	to kick

ضَحِكَ – يَضْحَكُ – الضَّحك	to laugh
أشَارَ – يُشيرُ – الإشارَة إلَى	to point at
ابْتَسَمَ – يَبْتَسِمُ – الابْتِسام	to smile

صَفْعَة	slap
تَثاؤُب	yawn
إشارَة	gesture
حَرَكَة	movement
غَمْزَة	wink
رَكْلَة	kick
قَرْصَة	punch
إشارَة	sign, signal
ابْتِسامَة	smile
لَمْحَة	glance

هَزَّت كَتِفيها
she shrugged her shoulders

نَزَل السُّلَّم جَرْياً
he ran downstairs

دَخَل مُتَرَنِّحاً
he staggered in

عُمَرُ أسْقَط نَظَّارَته
Omar dropped his glasses

أمْشي للمَدْرَسَة
I walk to school

عَبَرَت الشَّارِعَ جَرْياً
she ran across the street

وُلِدَ – يُولَدُ – الميلاد	to be born
مـات – يَمُوت – المَوْت	to die

ميلاد	**birth**
مَوْت	death
جِنازَة	funeral

اسْم	**name**
سَمَّى – يُسَمِّي – التَسْمِية	to christen
سَمَّى – يُسَمَّى – التَسْمِية	to be called
سَمَّى – يُسَمِّي – التَسْمِية	to call, to name
أعْطى – يُعْطِي – إعْطاء إشارة	to sign

تَسْمِيَة	christening
هوِيَّة	identity
بطَاقة هوِيَّة	identity card
تَوْقيع	signature
اسْم	name
لقَب	surname, family name
اسْم أوَّل	first name
حُروف أوْلى	initials

السَّيد خطَّاب	Mr Khattab
السَّيد نادر خطَّاب	Mr Nader Khattab
الآنسة / السَّيدة نادية خطَّاب	Miss/Mrs Nadia Khattab

الآنسة نَادية	Miss Nadia

عُمر ، سِنّ	**age**
تَاريخ ميلاد	date of birth
عيد ميلاد	birthday

صَغير	young
كَبير	old
طُفُولة	childhood
شَبَاب	youth
مُرَاهقة	adolescence
مُنْتَصَف العُمر	middle age
شَيْخُوخة	old age

وَليد	newborn baby
طِفْل	baby
أَطْفَال	children
وَلَد	little boy
بِنْت	little girl
مُرَاهِق	teenager
بَالِغ	adult
كِبَار	grown-ups
شَبَاب	young people
فَتَاة	young girl
امْرَأة مُسِنَّة	elderly woman
رَجُل مُسِنّ	elderly man
على المَعَاش	pensioner
كِبَار السِّن	old people
مُسِنُّون	the elderly
عَجَائِز	the elderly

نُوع ، جنْس	**sex**
بِنْت	girl
اِمْرَأة	woman
شابّة	young lady
رَجُل	gentleman, man
شابّ	young man
وَلَد	boy
مُذَكَّر	masculine
رِجالي	masculine
مُؤنَّث	feminine
نِسائي	feminine
ذَكَر	male
أُنْثى	female
حالة اِجْتِماعية	**marital status**
تَزَوَّج – يَتَزَوَّج – الزَواج	to get married/to marry
طَلَق – يُطلِّق – الطَلاق	to divorce
أَعْزَب	single
مُتَزَوِّج	married
مُطلَّق	divorced
مُنْفَصِل	separated
أَعْزَب	bachelor
عانِس	spinster
زَوْج	husband
زَوْجة	wife
زَوْج سابِق	ex-husband
زَوْجة سابِقة	ex-wife

خَطيب	fiancé
خَطيبة	fiancée
صَديق	boyfriend
صَديقة	girlfriend
زَوْجان	couple
أرْمَل	widower
أرْمَلة	widow
يَتيم	orphan

مَراسِم	ceremony
خُطوبَة	engagement
زِفاف	wedding
طَلاق	divorce

عُنْوان	**address**
سَكَنَ – يَسْكُن – السَّكَن	to live
اسْتَأجَرَ – يَسْتأجِرُ – الاسْتئْجار	to rent
شارَكَ – يُشارِكُ – المُشارَكة	to share

طابَق ، دَوْر	floor, storey
رَمْز بَريدي	postcode
رقم	number
رقم هاتف	phone number
رقم تليفون	phone number
صاحِب سَكَن	landlord
مُستأجِر	tenant
زَميل سَكَن	flatmate
جار	neighbour

في البَيْت	at home

في بَيْت جدَّتي	at my grandma's
في المَدينة	in town
في الضَّواحي	in the suburbs
في الرِّيف	in the country

ديانة	**religion**
كَاثوليكيّ	Catholic
بروتستانتيّ	Protestant
انجليكانيّ	Anglican
مُسْلِم	Muslim
يـهودي	Jewish
بـوذي	Buddhist
هنْدوسيَ	Hindu
مُلْحِد	atheist
لا أَدْري	agnostic

ما اسْمك؟	اسْمي مَرْيم
what's your name?	my name is Mariam
ما لَقَبْك؟	لَقَبي الجمَّال
what's your surname?	my surname is Al-Jammal

أَسْكُنْ في بَيْت مُنير
I'm living at Munir's

أَسْكُنْ في ٥ شارع السَّلام ، الطَّابق الثَّاني
I live at 5 Assalam Street on the second floor

كَمْ عُمْرُك؟	عنْدي عشْرون سَنة
how old are you?	I'm 20 years old

وُلِدْتُ في أوّل مَارِس سنة ١٩٦٠
I was born on the first of March 1960

وَلَد عُمْرُه ثماني سَنوات
an eight-year-old boy

طِفْل عُمْرُه شَهْر وَاحِد
a (one-)month-old baby

امْرَأة عِنْدها حَوالي ثلاثين سنة
a woman of about thirty

رجل مُتَوَسِّط العُمْر
a middle-aged man

يَبْدو أَنَّ عِنْده سِتّ عَشْرَة سنة
he looks about sixteen

لابُدَّ وأنَّه في أواخر الخَمْسينات
he must be in his late fifties

Inf هي عَجوزة!
she's ancient!

See also section:

31 FAMILY AND FRIENDS.

وَظائِف وأَعْمال 9
JOBS AND WORK

عَمِل – يَعْمَل – العَمَل	to work
دَرَس – يَدْرُس – الدِّراسة	to study
تَدَرَّب – يَتدَرَّب – التَّدَرُّب	to do a training course
طَمَح – يَطمَح – الطُموح	to be ambitious
عاش – يعيش – العَيْش على الإعانة الحُكومية	to be on the dole
بَحَث – يَبحَث – البَحْث عن عمل	to look for work
تقَدَّم – يَتقدَّم – التَّقدُّم لوظيفة	to apply for a job

مُتَمَرِّس	experienced
عاطِل	unemployed
في العَمَل	on duty

رَفَض – يَرفُض – الرَّفْض	to reject
قَبِل – يَقبَل – القَبول	to accept
وَظَّف – يُوَظِّف – التَّوْظيف	to take on
دَفَع – يَدْفَع – الدَّفْع	to pay

وَجَد – يَجِد وظيفة	to find a job
نَجَح – يَنجَح – النَّجاح	to be successful
كَسَب – يَكسِب – الكَسْب	to earn
كَسَب – يَكسِب – كَسْب العَيْش	to earn a living
أخَذ – يأخُذ – أخْذ إجازة	to take a holiday
أخَذ – يأخُذ – أخْذ يوم إجازة	to take a day off

فَصَلَ – يَفْصِلُ – الفَصْل	to dismiss
اسْتَقَالَ – يَسْتَقِيلُ – الاسْتِقَالة	to resign
تَرَكَ – يَتْرُك – التَّرْك	to leave
تَقَاعَدَ – يَتَقَاعَدُ – التَّقَاعُد	to retire
أَضْرَبَ – يُضْرِبُ – الإِضْرَاب	to be on strike

صَعْب	difficult
سَهْل	easy
شَيِّق	interesting
مُثِير	exciting
مُتَحَدٍّ	challenging
مُجْزٍ	rewarding
مُمِلّ	boring
خَطِير	dangerous
مُتَطَلِّب	demanding
مُرْهِق	stressful
مُهِمّ	important
مُفِيد	useful

عَامِلُون people at work

مُحَاسِب	accountant
مُمَثِّل / مُمَثِّلة	actor/actress
مُسْتَشَار	adviser, consultant
عَامِل في الخَدَمَات الإِنْسَانِية	aid worker
سَفِير	ambassador
سَائِق (سَيَّارَة إِسْعَاف)	ambulance driver
مُهَنْدِس مِعْمَارِي	architect
ضَابِط (جَيْش)	(army) officer
فَنَّان	artist
رَائِد فَضَاء	astronaut

خبَّاز	baker
مُوَظَّف في مَصرِف (بنك)	bank clerk
بائِع كُتُب	bookseller
بنَّاء	bricklayer, builder
مُصارِع ثيران	bullfighter
سائِق حافِلة (أوتوبيس)	bus driver
رجُل أَعْمال	businessman
سيِّدة أَعْمال	businesswoman
جزَّار	butcher
عامِل نظافة	caretaker
رسَّام كاريكاتير	cartoonist
خادِمة	chambermaid
صيْدلي	chemist, pharmacist
مُربِّية أَطفال	childminder
مُوَظَّف حُكومي	civil servant
عامِلة نظافة	cleaning lady
إسْكافي	cobbler
مُبَرْمِج حاسوب	computer programmer
حلْواني	confectioner, pastrycook
طبَّاخ	cook
مُوَظَّف جمارك	customs officer
عامِل توْصيل	delivery man/woman
تاجِر	dealer
طبيب أَسْنان	dentist
مُدير	director
دي جي	DJ
طبيب ، دُكْتور	doctor
سائِق	driver
زبَّال	dustman
مُحَرِّر	editor

كَهْرَبائي	electrician
مُوَظَّف	employee
مُهَنْدِس	**engineer**
وَكيل عَقاري	estate agent
مُنَظِّم حَفَلات	event organizer
مُدير تَنْفيذي	executive
مُزارِع	farmer
مُصَمِّم أَزْياء	fashion designer
إِطْفائي	firefighter
صَيّاد سَمَك	fisherman
تاجِر أَسْماك	fishmonger
مُضيف طَيَران	flight attendant
بائِع زُهُور	florist
رَئيس عُمّال	foreman/forewoman
ميكانيكي	garage mechanic
صاحِب وَرْشَة	garage owner
بُسْتاني	gardener
مُصَمِّم رُسُوم بالكمبيوتر	graphic designer
بَقّال	grocer
مُصَفِّف شَعْر	hairdresser
ناظِر مَدْرَسَة	headteacher
مُعَلِّم	instructor
سِمْسار تَأْمين	insurance broker
مُهَنْدِس ديكُور	interior decorator
مُتَرْجِم فَوْري	interpreter
حاجِب	janitor, caretaker
جَواهِرجي	jeweller
نَجّار	joiner, carpenter
صَحَفي	journalist
قاضٍ	judge

عامِل	labourer, unskilled worker
مُحامٍ	lawyer
سائِق شاحِنة	lorry driver
خادِمة	maid
مُدير	manager
ميكانيكي	mechanic
قابِلة	midwife
عامِل في مَنْجَم	miner
وَزير	minister
عارِضة أَزْياء	model
راهِب	monk
نَجْم سينِمائي	movie star
مُوسيقي	musician
مُرَبِّية	nanny
راهِبة	nun
مُمَرِّض	nurse
كاتِب	office worker
مُعاوِن	PA, assistant
نَقّاش	painter and decorator
رَسّام	painter, artist
مُدَرِّب خاص	personal trainer
مُصَوِّر فُوتُوغْرافي	photographer
فِيْزيائي	physicist
طَيّار	pilot
سَبّاك	plumber
ضابِط شُرْطة	police officer
سِياسي	politician
مُطْرِب	popstar
ساعي بَريد	postman/postwoman
وَكيل صَحَفي	press officer

كاهِن	priest
مُدَرِّس إِبْتِدائي	primary school teacher
طَبيب نَفْسي	psychiatrist
مُحَلِّل نَفْسي	psychologist
حَبْر	rabbi
مُوَظَّف اسْتِقْبال	receptionist
مُسْتَشار تَوْظيف	recruitment consultant
صَحَفي	reporter
بَحَّار	sailor
مَنْدُوب مَبيعات	salesperson
عالِم	scientist
سِكْرتير	secretary
خادِم	servant
جُنْدي	serviceman
بائِع	shop assistant
صاحِب مَتْجَر	shopkeeper
مُطْرِب	singer
حِرَفي	skilled worker
أخْصائي اجْتِماعي	social worker
جُنْدي	soldier
مُحام	solicitor
مُضيف / مُضيفة	steward/stewardess
طالِب	student
جَرَّاح	surgeon
تَرْزي	tailor
سائِق سَيَّارة أُجْرة	taxi driver
مُدَرِّس	teacher
فَنّي	technician
عامِل مُؤَقَّت	temp
مُفَتِّش تَذاكِر	ticket inspector

مُرشِد سِياحي	tourist guide
مُترجِم	translator
وَكيل سِياحي	travel agent
مَندُوب مَبيعات سِياحي	travelling salesperson
مُقَدِّم (تِليفزيوني)	(TV) presenter
حاجِب	usher
طَبيب بَيْطَري	vet
قَسّ	vicar
مُتطَوِّع	volunteer
نَادِل / مُضيفة	waiter/waitress
مُصَمِّم صَفَحات الإنْترنِت	web designer
كاتِب	writer

عالَم العَمَل	**the world of work**
صاحِب عَمَل	employer
رَئِيس	boss
مُدير	manager, director
إدارة	management
مُوظَّفون	staff
عامِلون	personnel
عامِل	worker
مُتدَرِّب	trainee, apprentice
عاطِل	unemployed person
مُتقَدِّم	applicant
نِقابي	trade unionist
مُضرِب	striker
على المَعاش	pensioner

المُستقبَل	the future
مَجال عَمَل	career

وَظِيفَة	job
مِهْنَة	profession, occupation
حِرْفَة	trade *(learnt)*
وَظَائِف خَالِية	openings
عَمَالَة	employment
بَرْنَامَج تَدرِيبي	training course
وَظِيفَة تَدرِيبِية	apprenticeship
تَدرِيب	training
مُؤَهِّلات	qualifications
دَرَجَة	degree
شَهَادَة	certificate
دِبْلُوم	diploma
قِطَاع	sector
بَحْث	research
عُلُوم الكُمبِيوتر	computer science
تِجَارَة	business
صِنَاعَة	industry
حِرْفَة	trade
نِقَابَة	trade union
شَرِكَة	company
مَصْنَع	factory
وَرْشَة	workshop
مَتْجَر	shop
مَحَل	shop
دُكَّان	shop
مَعْمَل	laboratory
مَكْتَب	office
قِسْم	department
مَبِيعَات	sales

تَسْويق	marketing
مَوارِد بشريّة	HR
حِسابات	accounts
تَمْويل	finance
إدارة	management
خِدْمة عُملاء	customer service
عَلاقات عامّة	PR
مَعْلومات وتكْنولوجيا	IT

عَمَل	work, job
وَظيفة	job
إعْلان	ad(vertisement)
وَظائف خالية	situations vacant
طلب تقدُّم لوَظيفة	job application
تقدُّم عَلى الإنْترنت	online application
خِطاب مُصاحِب	covering letter
اسْتِمارة	form
مُقابَلة	interview
مَعْرِفة	knowledge
مهارات	skills
قُدْرة	ability
مُتحمِّس	motivated
مُجْتهِد	hard-working
ذو خِبْرة	experienced
يُعْتَمَد عليه	reliable
ذو ضمير يقظ	conscientious
مُبْدِع	creative
ديناميكي	dynamic
عَمَل جَماعي	teamwork
مُبادَرة	initiative

واجبات	duties
مَسْئُوليات	responsibilities
وَصْف العَمَل	job description
عَقْد تُوْظيف	contract of employment
فَصْل من العَمَل	redundancy
راتب	salary, wages
ضَرائب	taxes
علاوة	bonus
زيادَة راتب	pay rise
مَعاش	pension
حوافز	perks
سيّارَة شَركة	company car
بدل سَفَر	travel allowance
تَرْقيَة	promotion
وظيفة مُؤَقَّتة	temporary job
وظيفة لنَصْف الوَقت	part-time job
وظيفة لوَقت كامل	full-time job
جَدْوَل	timetable
وظيفة مَرنَة الوَقت	flexitime
وَقْت إضَافي	overtime
إجازَات	holidays
إجازة	time off, leave
إجازة مَرضيَّة	sick-leave
إجازة رعَايَة طفل	maternity leave
إجازة رعَايَة طفْل للأب	paternity leave
أَمَان وظيفي	job security
رحْلَة عَمَل	business trip
إضْراب	strike

اجْتِماع	meeting
حاسوب	computer
كمبيوتر	computer
طابِعة	printer
جِهاز فاكس	fax machine
سويتش	switchboard
آلة تَصْوير	photocopier
أدوات مَكْتَبية	stationery

ما عَمَلك؟
what do you do for a living?

هو دكتور
he's a doctor

ماذا تُريد أن تَعْمل عِنْدما تَكْبُر؟
what would you like to be when you grow up?

أُريد أن أُصْبِح فناناً
I'd like to be an artist

أُريد أن أَدْرس الطِّب
I want to study medicine

ما خِطَطك لِلمُسْتَقبل؟
what are your plans for the future?

المُهِمّ بالنِسبة لي هو الرّاتب
what matters most for me is the pay

هو يعْمل في التَّأْمين / الإعلان
he works in advertising/insurance

هذه الوظيفة لها مُسْتَقبل جيّد
this job has good prospects

رواتِبهم صغيرة
they don't get paid much

عَملي يُصيبُني بالتوتُّر
I find my job really stressful

Note

Job titles generally have both a feminine and a masculine form. Masculine nouns are usually unmarked, while feminine nouns are marked by certain suffixes.

Tā' marbūta (ة) is the most important feminine suffix. It can be added to most masculine nouns to make them feminine. For example:

موظفة	موظف
employee *(f)*	employee *(m)*
مدرِّسة	مدرِّس
teacher *(f)*	teacher *(m)*
تلميذة	تلميذ
pupil *(f)*	pupil *(m)*

 Homework help

YOUR AMBITIONS

I'd like to be a ...	I'm going to be a ...
أُريدُ أَنْ أُصْبِح	سَأَصْبِحُ

I'd like to work with children.
أُريدُ أَنْ أَتعامَلَ مَع الأَطْفَال.

I'd like a job where I can travel the world / help people.
أُريدُ عَمَلاً يُمْكِنُني فيه السَّفَر حَول العَالَم / مَساعَدة النَّاس.

I want to use my languages.
أُريدُ أَنْ أَسْتَخدِم اللغَات التي أَعرِفُها.

I like a challenge.
أُحِبُّ التَّحَدي.

It's important to have nice colleagues/a good salary.

من المُهمَ وجود زُملاء ودودين / راتب جيِّد.

I want to be rich/famous.

أريدُ أنْ أصبِعَ غنياً / مَشهوراً.

Happiness is more important than money.

السَّعادة أهمُّ من المَال.

JOB APPLICATIONS

ASKING FOR WORK

I would like to apply for the position of ...

أريدُ أنْ أتقدَّم لوَظيفة ...

I would like to apply for a work placement.

أريدُ أنْ أتقدَّم للتَّدريب على عَمل.

I am writing to see if you have any vacancies.

أكْتُبُ لأسْتعلِمَ عن وجود وَظائف خالية لَدَيْكم.

Please find enclosed my CV.

مُرَفق طيَّه سيرَتي الذَّاتيَّة.

I am available for an interview.

يُمْكِنُني حُضور مُقابَلة شخصية.

YOUR SKILLS AND ABILITIES

I am well organized/a good communicator.

أنا شخص مُنظَّم / ذو قُدْرة جَيِّدة على التَّواصل.

I am very reliable/motivated.

أنا مُتحمِّس / يُمْكِن الاعْتِماد علَيَّ.

I work well under pressure.

أسْتطيعُ العَمَل بشكل جَيِّد تَحْت ضَغط.

I like meeting people.

أحبُّ مُقابلة النَّاس.

I enjoy working as part of a team.
أُحِبُّ العَمَل مع فَريق.

I have excellent IT skills.
أُجيدُ اسْتِخدام الكمبيوتر.

I speak fluent English/Arabic.
أَتَحَدَّثُ اللغة الإنجليزية / العَرَبِيَّة بطَلاقة.

YOUR EXPERIENCE

I have experience of working in a shop/looking after children.
عِنْدي خِبْرة في العَمَل في المَتَاجِر / في العَمَل مع الأَطْفَال

I have a weekend job in a café.
كُنْتُ أَعْمل يوم العُطْلة في مَقْهى

I have been working as a waiter for three years.
كُنْتُ أَعْمل كَنَادِل لِمُدَّة ثَلاث سَنَوات.

I write for our school magazine.
أَكْتُبُ في مَجَلَّة المَدْرسة.

I have designed my own website.
صَمَّمت مَوقِعي الخَاص على الإِنترنت.

الشَّخْصية والسُلوك 10
CHARACTER AND BEHAVIOUR

تصرَّف – يتصرَّفُ – التَّصرُّف	to behave
أطاع – يُطيعُ – الطَّاعة	to obey
عصا – يعْصى – العصْيان	to disobey
وبَّخَ – يُوبِّخُ – التَّوبيخ	to scold
غضبَ – يغْضبُ – الغضب	to get angry
اعْتذر – يعْتذرُ – الاعْتذار	to apologize
سامحَ – يُسامحُ – المُسامحة	to forgive
عاقبَ – يُعاقبُ – العقاب	to punish
كافأ – يُكافئُ – المُكافأة	to reward
تجرَّأ – يتجرَّأُ – التَّجرُّؤ	to dare
سبَّ – يسبُّ – السَّبُّ	to insult

شخْصية	character
سُلوك	behaviour
غريزة	instinct
عُذْر	excuse
عقاب	punishment
مُكافأة	reward
توْبيخ	telling-off

ابْتهاج	cheerfulness
حنان	kindness
غُرور	arrogance
مكْر	craftiness
أدب	politeness

غَيْرة	jealousy
قَسْوة	cruelty
لا مُبالاة	heedlessness
جَاذبية	charm
حَسَد	envy
تَفاخُر	boastfulness
خُشُونة	coarseness
بَراعة	skilfulness
أَمانَة	honesty
إنْسانية	humanity
مَزاج	mood
نَفاذ صَبر	impatience
عَجْرَفة	insolence
ذَكاء	intelligence
عَدم تَسامُح	intolerance
جُنون	madness
وَقاحَة	rudeness
شَرّ	wickedness
طَاعة	obedience
كِبْرياء	pride
صَبْر	patience
كَسَل	laziness
حَذَر	caution
بَديهة	common sense
خَجَل	shyness
حُزْن	sadness
تَكَبُّر	vanity
خِزْي	shame
حَرَج	embarrassment

مُمِلّ	boring
مَلُول	bored
لطيف	nice, pleasant
مَرِح	cheerful
حَنُون	kind
آسِف	sorry
مَغْرُور	arrogant
ماهِر	astute
غافِل	scatterbrained
مُحْرَج	embarrassed
طَيِّب	good-natured
غَيُور	jealous
قاس	cruel
فُضُولي	curious
مُحْتَرَم	decent
جَديرٌ بالثِّقة	reliable
شَقِيّ	cheeky
مُهْمِل	careless
عاصٍ	disobedient
غير مُرَتَّب	untidy
مُسْتَهْتِر	thoughtless
كَتُوم	discreet
شارِد الذِّهن	absent-minded
مُسِلّ	amusing
مُؤَدَّب	polite
جَذّاب	charming
غاضِب	angry
حاسِد	envious
رائِع	terrific
غَريب	strange, odd

وَدُود	outgoing
مُتَباهٍ	boastful
سَعيد	happy
مُضحِك	funny
فَظّ	rude, coarse
بارِع	skilful
ثَرثار	talkative
صادِق	honest
غَبي	stupid
عَجُول	impatient
لا مُبال	indifferent
سَريع البَديهة	witty
ساذَج	naïve
غير اجتِماعي	unsociable
وَقِح	insolent
غَريزي	instinctive
ذَكي	intelligent
غير مُتَسامِح	intolerant
مُزعِج	annoying
مُتعِب	troublesome
مَجنون	mad
وَقِح	rude
شِرّير	wicked, bad
مُتَواضِع	modest
طَبيعي	natural
مُطيع	obedient
مُتَفائِل	optimistic
مُتكبّر	proud
صَبور	patient
كسول	lazy

فَطِن	shrewd
مُتشائم	pessimistic
فقير	poor
مَغْرور	vain
حريص	cautious, careful
حذِر	careful
عاقِل	sensible
مُحْترم	respectable
مُؤَدَّب	respectful
راضٍ	satisfied
واثِق	confident
حسَّاس	sensitive
جادّ	serious
ودود	friendly
مَدْهِش	surprising
مُتقلِّب المزاج	moody
عنيد	stubborn
خجول	shy
مُتسامِح	tolerant
أَحْمق	silly
ثقيل الحركة	clumsy
هادِئ	quiet, calm
شقِيّ	mischievous, naughty
حزين	sad, unhappy
شُجاع	courageous

أُعْتقد أنَّها لطيفة للغاية
I think she's very nice

هو في مزاج جيِّد / سيِئ (جداً)
he's in a (very) good/bad mood

هو ذو طَبيعة سَمْحة / شريرة
he is good-/ill-natured

أنا آسف حقاً
I'm really sorry

آسف على الإزعاج
I'm sorry to disturb you

آسف على التَّأخير
I'm so sorry I'm late

ظَهر الحَسَد في عَينيها، عندما شاهَدت ملابسي الجَديدة
she was really jealous when she saw my new outfit!

غَضَب	**anger**
غَضِب – يَغضَب – الغَضَب	to get angry
صَرَخ – يَصرُخ – الصُّراخ	to shout
ضَرَب – يَضرِب – الضَّرْب	to hit
صَفَع – يَصْفَع – الصَّفْع	to slap (on the face)
مِزاج سَيِّئ	bad mood
عَصَبِية	bad temper
سَخَط	indignation
حَنَق	fury
تَوَتُّر	tension, stress
صَرْخَة	cry, shout
ضَرْبَة	blow
صَفْعَة	slap (on the face)
مِزاجُه سَيِّئ	bad-tempered
في مِزاج سَيِّئ	in a bad mood
غاضِب	angry
ساخِط	indignant
حانِق	furious
ثائِر	in a rage
حُزْن	**sadness**
بَكى – يَبكي – البُكاء	to cry

انفَجَر – ينفَجِرُ – الانفِجَار في البُكَاء	to burst into tears
اِنتَحَب – يَنتَحِب – النَّحيب	to sob
تَنَهَّد – يَتَنَهَّد – التَّنَهُّد	to sigh
أزعَج – يُزعِج – الإزعَاج	to dismay
خَيَّب – يُخَيِّب – تَخييب أمَل	to disappoint
أحبَط – يُحبِط – الإحبَاط	to depress
كَدَّر – يُكَدِّر – الكَدَر	to distress
حَرَّك – يحرِّك – تحريك مشَاعِر	to move, to touch
جَرَح – يَجرَح – الجُرح	to hurt
أزعَج – يُزعِج – الإزعَاج	to trouble
شَعَر – يَشعُرُ – الشُّعُور بأشفَقِ/ أشفَق – يُشفِق – الشَّفَقَة على	to take pity on
عَزَّى – يُعَزِّى – التَّعزِية	to comfort, to console
خَيبَة أمَل	disappointment
حَنين للوَطَن	homesickness
كآبَة	melancholy
حَنين	nostalgia
اكتِئَاب	depression
أسَى	grief, sorrow
حُزْن	sadness
مُعَانَاة	suffering
عَذَاب	anguish, distress
عُسْر	distress
فَشَل	failure
سُوء حَظّ	bad luck
سُوء طالِع	misfortune, bad luck
دُمُوع	tear

نَحيب	sob
تَنَهُّد	sigh

مُحبَط	disappointed
كَئيب	gloomy
حَزين	sad
آسِف ، نادِم	sorry
مُكتَئِب	depressed
كَسير الفُؤاد	heartbroken

خوف وقَلَق **fear and worry**

خاف – يَخاف – الخَوف (من)	to be frightened (of)
خَشِيَ – يَخْشى – الخَشية	to fear
أرعَب – يُرعِب – الرُّعب	to frighten
ارتَعَد – يَرتَعِد – الارتِعاد	to get a fright
قَلِقَ – يَقلَق – القَلَق على	to be worried (about)
ارتَعَد – يَرتَعِد – الارتِعاد	to tremble
ارتَعَش – يَرتَعِش – الارتِعاش	to shiver

خَوف	fear
ذُعْر	terror, dread
قَلَق	anxiety
خَوف	fright
صَدْمة	shock
مُشْكِلة	problem
قَلَق	worry

مَرْعُوب	fearful
مَذْعُور	apprehensive
خائِف	afraid

هَلُوع	scared to death
قَلِق	worried, anxious
مُتَوَتِّر	anxious
عَصَبِيّ	nervous
مُخِيف	frightening

فَرَح وسَعَادة — **joy and happiness**

اسْتَمتَعَ – يَستمتِعُ – الاستمتاع	to enjoy oneself
ابْتَسَمَ – يَبتسِمُ – الابتسام	to smile
انفَجَرَ – يَنفجِرُ – الانفجَار في الضَّحك	to burst out laughing
ضَحِكَ – يَضحَكُ – الضَّحك من	to laugh (at)
قَهْقَهَ – يُقَهقِهُ – القَهقَهة	to roar with laughter
قَبَّلَ – يُقَبِّلُ – التَّقبيل	to kiss

سَعَادَة	happiness
فَرَح	joy
رِضَا	satisfaction
ضَحِك	laughter
حُبّ	love
حُبّ من أَوَّل نَظْرة	love at first sight
حَظ	luck
قُبْلَة	kiss
نَجَاح	success
ابْتِسَام	smile
مُفَاجَأة	surprise

مُبتَهِج	delighted
مَسْرُور	pleased
سَعيد	happy

مُتَألّق radiant

عاشق in love

هو يَفتقدُ أخاه
he misses his brother

هي تخافُ من الكلاب
she's frightened of dogs

لم أعُد أُطيقُ تعليقاتها
I'm really fed up with her comments

نكاتُه تَجْعلُني أُقهقه
his jokes really make me laugh

والدي ثار وغضب
my dad was really angry

الحَواس 12
THE SENSES

نَظَر	**sight**
رأى – يَرى – الرُّؤية	to see
نَظَر إلى – يَنظُر إلى – النَّظَر إلى	to look at, to watch
راقَبَ – يُراقِب – المُراقَبة	to observe, to watch
فَحَص – يَفحَص – الفَحص	to examine
ألقى – يُلقي – إلقاء نظرة خاطِفة	to catch a glimpse of
لَمَحَ – يَلمَح – اللَّمح	to glance at
حَدَّق – يُحَدِّق – التَّحديق في	to stare at
اِسْتَرَق – يَسترِق – اِستِراق النَّظَر	to peek at
أضاء – يُضيء – الإضاءة	to switch on *(the light)*
أطفأ – يُطفئُ – الإطفاء	to switch off *(the light)*
أبهَرَ – يُبهِرُ – الإبهار	to dazzle
أعمى – يُعمي	to blind
أنارَ – يُنير – الإنارة	to light up
ظهَر – يظهَر – الظُّهور	to appear
اختَفى – يَختفي – الاختِفاء	to disappear
أعادَ – يُعيدُ – إعادة الظُّهور	to reappear
شاهَدَ – يُشاهِد – مُشاهَدة التليفزيون	to watch TV
بَصَر	sight *(sense)*
مَنظَر	view
لون	colour
نُور	light
بَريق	brightness

ظلام	darkness

عيْن	**eye**
نظارة	glasses
عدسات لاصقة	contact lenses
مرآة مُكبِّرة	magnifying glass
مِنظار	binoculars
مِجهر (ميكروسكوب)	microscope
مِنظار مُقرِّب (تليسكوب)	telescope

برّاق	bright
فاقع	bright
باهت	pale
فاتح	light
مُبهِر	dazzling
مُظلم	dark
داكِن	dark

سمْع	**hearing**
سمِع – يسمع – السَّمْع	to hear
استمع – يستمِع – الاستماع إلى	to listen to

همس – يهمِس – الهمْس	to whisper
غنّى – يغنّي – الغِناء	to sing
همهم – يهمهِم – الهمهمة	to hum
صفر – يصفِر – الصَّفير	to whistle
طنّ – يطِنّ – الطنين	to buzz
صرّ – يصِرُّ – الصَّرير	to creak
رنّ – يرِنُّ – الرَّنين	to ring
أرعد – يُرعِد – الرَّعد	to thunder

أَصَمَّ – يُصِمُّ – الصَّمَم	to deafen
سَكَتَ – يَسْكُتُ – السُّكوت	to be silent
أَغْلَقَ – يُغْلِقُ – إِغْلاق الباب بِقُوَّة	to slam the door

ضَوْضاء	noise, sound
صَوْت	sound
جَلَبَة	racket
هَمْس	whisper
أُغْنِية	song
صَوْت	voice
طَنين	buzzing
انْفِجار	explosion
صَرير	creaking
جَلَبَة	din
صَدى	echo

أُذُن	ear
سَمّاعة	hearing aid
مُكَبِّر الصَّوْت	loudspeaker
سَمّاعات	earphones, headphones
سَمّاعات	speakers
مِذْياع	radio
مُشَغِّل أَقْراص رقمية	CD player
مُشَغِّل ملفات صوتية	MP3 player
صَفّارة إِنْذار	siren
شَفْرة موريس	Morse code

مُزْعِج	noisy
صامِت	silent
عالي الصَّوْت	loud

خَافِت — faint
يَصُمُ الآذان — deafening

لَمْس — **touch**

لمَس – يلمِس – اللَمْس — to touch
رَبَّت – يُرَبِّت – التَرْبِيت — to stroke
خَرْبَش – يُخَرْبِش – الخَرْبَشة — to graze
حَكَ – يحُكَ – الحَكَ — to rub
دَقَ – يَدُقُ – الدَقَ — to knock, to hit
خَدَش – يخدِش – الخَدْش — to scratch

أَطْراف الأَصابِع — fingertips
ضربة — stroke, blow
تصافُح — handshake

ناعم — smooth
خشِن — rough
رقيق — soft, gentle
صلْب — hard
ساخِن — hot
بارِد — cold

تَذَوُق — **taste**

تذَوَّق – يتذَوَّق – التَذَوُق — to taste
أكَل – يأكُل – الأكْل — to eat
مَضَغ – يمضَغ – المَضْغ — to chew
بلِع – يبلَعُ – البَلْع — to swallow
التَهم – يلتَهِم – الالتِهام — to gobble up
شرِب – يشرَبُ – الشُرْب — to drink
لعَق – يلعَقُ – اللعْق — to lick

رَشَف – يَرشُفُ – الرَّشْف	to sip
مَلَّحَ – يُملِّحُ – التَّمليح	to salt
حَلَّى – يُحلِّي – التَّحْلية	to sweeten
تبَّلَ – يُتبِّل – التَّتْبيل	to spice, to season, to garnish
طَعْم	taste
فَم	**mouth**
لِسان	tongue
لُعاب	saliva
بَراعم التَّذَوُّق	taste buds
شَهِيَّة	appetite
لَذيذ	tasty
شَهِيّ	appetizing
طيِّب	delicious
جَميل	nice
فَظيع	horrible
بِلا طَعْم	tasteless
حُلْوٍ	sweet
مُمَلَّح	salted, salty
حامِض	tart
لاذِع	sharp, sour
مُرّ	bitter
حارّ	hot
مُتبَّل	spicy
شَمّ	**smell**
شَمَّ – يَشُمُّ – الشَّمّ	to smell (of)
تَنشَّق – يَتنشَّق – التَّنشُّق	to sniff

فاحت – تفوح منه رائحة طيّبة / كريهة	to smell nice/horrible
بعث – يبعَث – بعث رائحة كريهة	to stink
عطّر – يعطّر – التَّعطير	to perfume

(حاسّة) الشَّم	(sense of) smell
أنف	nose
رائحة	smell
طيّب	scent
عطر	perfume
عبير	fragrance
رائحة نتنة	stench

مُعطّر	fragrant, scented
نتن	smelly
بلا رائحة	odourless

ملمسه ناعم
it feels soft

سمعت الطفل يُغنّي
I heard the child singing

هذه القهوة طعمها يُشبه الصّابون
this coffee tastes of soap

هذا يفتح شهيتي
it makes my mouth water

هذه الشّيكولاتة طعمُها غريب
this chocolate tastes funny

كان طعمها رائعاً
it tasted fantastic

الغُرفة تفوح منها رائحة الدُّخان
this room smells of smoke

شقّتهم تزخّم برائحة الدُّخان المُقزّزة
their flat stinks of smoke

هذا الجورب رائحتُه كريهة!
these socks really smell!

بدون عَدَساتي اللاصقة، أنا أعمى كالخُفَّاش
I'm as blind as a bat without my contacts

يَجِبُ أن تصرُخَ، فهو أصَمُ كالحَجَر
you'll have to shout, he's as deaf as a post

See also sections:

4 THE HUMAN BODY, **6 HEALTH, ILLNESSES AND DISABILITIES**, **15 FOOD** and **64 COLOURS**.

أَعْجَبَ – يُعْجِبُ – الإِعْجاب	to please
أَحَبَّ – يُحِبُّ – الحُبّ	to like, to love
أَرادَ – يُرِيدُ – الإرادة	to want
احْتاجَ – يَحْتاجُ – الاحْتِياج	to need
رَغِبَ – يَرْغَبُ – الرَّغْبة	to wish
بَغِضَ – يَبْغَضُ – البُغْض	to dislike
مَقَتَ – يَمْقُتُ – المَقْت	to detest
كَرِهَ – يَكْرَهُ – الكُره	to hate
احْتَقَرَ – يَحْتَقِرُ – الاحْتِقار	to despise
فَضَّلَ – يُفَضِّلُ – التَّفْضِيل	to prefer
اخْتارَ – يَخْتارُ – الاخْتِيار	to choose
قارَنَ – يُقارِنُ – المُقارَنة	to compare

ذَوْق	taste
اِعْجاب	liking
مَقْت	dislike
كُره	hatred
اِحْتِقار	scorn
حاجة	need
رَغْبة	wish, desire
نِيّة	intention

اِخْتِيار	choice
مُقارَنة	comparison
تَفْضِيل	preference

تَناقُض	contrast
اختِلاف	difference
تَشابُه	similarity

مُختَلِف (عن)	different (from)
نَفْس	the same (as)
مُماثِل (لِ)	identical (to)
مُشابِه (لِ)	similar (to)
مِثْل	like
بالنِّسبَة إلى	in relation to
أكثَر / أقَل	more/less
كَثير	a lot
أكثَر بكَثير / أقَل بكَثير	a lot more/less

هو يُحِبُّ الزَّيتون	أُحِبُّ هذا الكِتاب
he loves olives	I like this book
أُفَضِّل القَهْوة على الشَّاي	الأَحْمَر هو لَوني المُفَضَّل
I prefer coffee to tea	red is my favourite colour
هل يُعجِبُك؟	أَوَدُّ الخُروج
do you fancy him?	I'd like to go out
	هل تحِبُّ الخُروج لتَناوُل مَشروب؟
	would you like to go for a drink?
	لا أُطيقُ هذا الشَّخص
	I really don't like that man

اسْتيقَظَ – يسْتيقظُ – الاسْتيقاظ	to wake up
تمَدَّدَ – يتمَدَّدُ – التَّمَدُّد	to stretch
تثاءبَ – يتثاءبُ – التَّثاؤب	to yawn
قامَ – يقومُ – القيام	to get up
فتَحَ – يفْتَحُ – فتْح السَّتائر	to open the curtains
فتَحَ – يفْتَحُ – فتْح الشّباك	to open the shutters
دخَلَ – يدْخُلُ – دُخول الحَمَّام	to go to the toilet/bathroom
استحَمَّ – يستحمُّ – الاستحمام	to wash (oneself)
غَسَلَ – يغْسلُ – غسْل الوجْه	to wash one's face
غَسَلَ – يغْسلُ – غسْل اليدَ	to wash one's hands
غَسَلَ – يغْسلُ – غسْل الأسْنان	to brush one's teeth
غَسَلَ – يغْسلُ – غسْل الشَّعْر	to wash one's hair
أخَذَ – يأْخُذُ – أخْذ حمَّام	to have a shower
استحَمَّ – يستحمُّ – الاستحمام	to have a bath
جفَّفَ – يُجفِّفُ – تجْفيف نفْسه	to dry oneself
جفَّفَ – يُجفِّفُ – تجْفيف الشَّعْر	to dry one's hair
حلقَ – يحلقُ – الحلاقة	to shave
مشَّطَ – يمشِّطُ – تمْشيط الشَّعْر	to comb one's hair
وضَعَ – يضعُ – وضْع الزِّينة	to put on make-up
وضَعَ – يضعُ – وضْع العدسات اللاصقة	to put in one's contact lenses
لبَسَ – يلبسُ – اللِّبْس	to get dressed
رتَّبَ – يُرتِّبُ – ترتيب السَّرير	to make the bed
أفْطرَ – يفطرُ – الإفْطار	to have breakfast

اسْتَعَدَّ – يَستعِدُ – الاسْتِعْداد	to get ready
ذَهَبَ – يَذهَبُ – الذِّهاب للمَدْرَسَة	to go to school
ذَهَبَ – يَذهَبُ – الذِّهاب للعَمَل	to go to work
رَكِبَ – يَرْكَبُ – رُكوب الأوتوبيس	to take the bus
رَجَعَ – يَرجِعُ – الرُّجوع للبَيت	to go/come home
رَجَعَ – يَرجِعُ – الرُّجوع من المَدْرَسَة / العَمَل	to come back from school/work
عَمِلَ – يَعْمَلُ – عَمَل الواجِب	to do one's homework
أَكَلَ – يَأكُلُ – أَكل وَجبَة خَفيفة	to have a snack
اسْتَراحَ – يَسْتَريحُ – الاسْتِراحة	to have a rest
نَامَ – يَنامُ – النَّوم وَقْت القَيْلولة	to have a nap
شاهَد – يُشاهِدُ – مُشاهَدة التليفزيون	to watch television
قَرَأَ – يَقرَأُ – القِراءَة	to read
لَعِبَ – يَلعَبُ – اللَّعِب	to play
أَطْعَمَ – يُطعِمُ – إطعام القِطّ / الكلب	to feed the cat/dog
رَوى – يَرْوي – رَيّ النَباتات	to water the plants
تَناوَلَ – يَتَناوَلُ – تَناوُل العَشاء	to have dinner
أَغلَقَ – يُغلِقُ – إغلاق الباب	to lock the door
ألَقى – يُلقي – إلقاء تحيَّة المَساء	to say good night
ذَهَبَ – يَذهَبُ – الذِّهاب للنوم	to go to bed
أَغلَقَ – يُغلِقُ – إغلاق السَّتائر	to draw the curtains
أَغلَقَ – يُغلِقُ – إغلاق النَّافذة	to close the shutters
خَلَعَ – يَخلَعُ – خَلع المَلابِس	to undress
دَخَلَ – يدخُل – الدخول في السَّرير	to get into bed
ضَبَطَ – يضبِطُ – ضَبط المُنَبِّه	to set the alarm clock
أَطفأَ – يُطفئ – إطفاء الضَّوء	to switch the light off
راحَ – يروح – النَّوم	to fall asleep
نَامَ – يَنامُ – النَّوم	to sleep

راحت عليه نَوْمة	to oversleep
حلَم – يَحلُم – الحُلم	**to dream**
تأرَّق – يتأرَّق – الأرَق	to have a sleepless night

استِحْمام	**washing**
صابُون	soap
مَعْجون أسنان	toothpaste
شامبو	shampoo
شامبو استِحْمام	shower gel
مُعطِّر جِسم	deodorant
لوشن للجسم	body lotion
ورق تواليت	toilet paper
فُوطة	towel
فُوطة الاستِحْمام	bath towel
روب الإستِحْمام	bathrobe
غطاء رأس للحمَّام	shower cap
اسفنجة	sponge
فُرْشاة	hairbrush
مشط	comb
فُرْشاة أسنان	toothbrush
مُجفِّف شَعر	hair dryer
ميْزان	bathroom scales

سرير	**bed**
سرير كبير	double bed
سرير بدورين	bunk beds
مرتبة	mattress
وسادة	pillow
ملاءة	sheet
بَطَّانيَّة	blanket

لحاف	duvet
غِطاء سرير	bedspread
بَطّانية كهربية	electric blanket
قِرْبة ماء ساخن	hot-water bottle

عادَةً	usually
في الصَّباح	in the morning
في المَساء / بعد الظهر	in the evening/afternoon
في الليل	at night
كل يَوم	every day
بعد ذلك	then

ضَبَطْتُ المُنَبِّه على السّاعة السّابعة
I set my alarm clock for seven

أنا لا أَسْهَرُ طويلاً، بل أذهَبُ للنّوْم مبكراً
I'm not a night owl; I go to bed early

هذا الصَّباح صَحَوتُ مُتأخِّراً وتأخرت عن العَمَل
this morning I overslept and was late for work

نِمْتُ كالحَجَر	أنا مُتأخِّر دائماً
I slept very deeply	I'm always late
أنا مُتْعَبٌ للغاية	لم يَغْمُض لي جَفْنٌ
I'm exhausted	I didn't sleep at all

See also sections:

15 FOOD, 17 HOUSEWORK, 23 MY ROOM and **56 ADVENTURES AND DREAMS**.

أَكَلَ – يَأْكُلُ – الأَكْلِ	to eat
شَرِبَ – يَشربَ – الشُّرب	to drink
تَذَوَّقَ – يَتَذَوَّقُ – التَّذوق	to taste
طَبَخَ – يَطْبُخُ – الطَّبْخ	to cook
عَمِل – يَعْمَل – العمل	to make
نَباتي	to be vegetarian
نَباتي صِرف	to be vegan
يَتبَع حمية	to be on a diet
طيِّب	delicious
لذيذ	tasty

وَجَبات — **meals**

إفْطار	breakfast
غَداء	lunch
وجبة خَفيفة بعد الظُّهر	afternoon tea
عَشاء	dinner
مقبِّلات	starter
طَبق أَول	first course
طَبق رَئيسي	main course
حُلو	dessert
وجَبات خَفيفة	savoury snacks
شَطائر	sandwich

مَشْروبـات	**drinks**
مـاء	water
مِياه مَعدنية	mineral water
مِياه مَعدنية / غَازِيَّة	sparkling/still mineral water
لَبَن	milk
حليب	milk
شَاي	tea
شَاي باللَّبَن	tea with milk
قَهوة	coffee
قَهوة بِدُون لَبَن	black coffee
قَهوة باللَّبَن	white coffee
شاي بالأعشاب	herbal tea
شاي بالليمون	lime tea
كامُوميل	camomile tea
مَشْروب بَارِد	soft drink
عَصير تُفَّاح	apple juice
عَصير بُرْتُقال	orange juice
شراب بِنَكْهة بُرتُقال	orange squash
مَشْروبـات غَازية	fizzy drink
كُولا ®	Coke®
لَيْمُونَادة	lemonade
مَشْروب الطَّاقة	energy drink
مَشْروب كُحُولِي	alcoholic drink
زُجَاجة بيرة	a bottle of beer
كُوب بيرة	a glass of beer
البيرة مع اللِّيمُونَادة	shandy
عَصير تُفَّاح كُحُولِي	cider
نَبيذ	wine

نَبيذ أَحمر	red wine
نَبيذ أَبيض	white wine
نَبيذ روزيه	rosé wine
شامبانيا	champagne
كوكتيل	cocktail
مشروبات رُوحية	spirits
نَبيذ أَسباني	sherry
براندي	brandy
خَمْر	liqueur
شَراب مُسْكر	gin

أَعْشاب وتَوابل   herbs and seasonings

مِلْح	salt
فُلْفُل	pepper
سُكَّر	sugar
توابل	spices
بابريكا	paprika
شَطّة	chilli
قِرْفة	cinnamon
جَوْزَة طيب	nutmeg
زَعْفران	saffron
بقدونس	parsley
زعتر	thyme
ورق لَوْرى	bay leaf
زَيْت	oil
خَلّ	vinegar
مُسطردة	mustard
بَصل	onion
ثَوْم	garlic

breakfast — إفطار

bread	خُبْز
toast	توست
bread roll	فينو
butter	زُبْد
margarine	مارجرين
jam	مُرَبَّى
honey	عَسَل
peanut butter	زُبدة فُول سُوداني
cereal	كورن فليكس
muesli	كورن فليكس مع فواكه

vegetables — خُضْرَوات

peas	بِسلّة
green beans	فَاصُوليا خَضْراء
lentils	عَدْس
leek	كُرّاث
potato	بَطاطس
carrot	جَزَر
cabbage	كُرُنْب
cauliflower	قَرْنبيط ، قُنَّبيط
lettuce	خَسّ
spinach	سَبانِخ
mushrooms	فطر
artichoke	أَرْضِي شَوْكي ، خُرْشُوف
asparagus	هليون
pepper	فَلفَل
aubergine	بَاذِنْجان
courgette	كوسَة
radish	فِجْل

طماطم	tomato
خيار	cucumber
سلطة	salad
بطاطس مُحمَّرة	chips
أرُزَ	rice
لَحْم	**meat**
لَحْم خنْزير	pork
لَحْم بقَري	beef
لَحْم عجْل	veal
ضأن	lamb
دجاج	chicken
ديك رُومي	turkey
بط	duck
أرنب	rabbit
شريحة لَحْم	steak
قطعة	chop
اسكالوب	escalope
يَخْنة	stew
لَحْم مَفْروم	mince
هامبورجر	hamburger
كلاوي	kidneys
كبد	liver
لُحُوم باردة	cold meats
سُجُق	sausages

سَمَك	**fish**
سَمَك القُدّ	cod
سَرْدين	sardines
سَمَك مُوسَى	sole
تُونة	tuna
سَمَك سلمون مُرَقَّط	trout
سَمَك سلمون	salmon
مَأكولات بَحرية	seafood
سَرَطان بَحْر	lobster
مَحَار	oysters
جمبري	prawns
أصْداف بَحرِيَّة	mussels; clams
حَبّار	squid
أخطبوط	octopus

بَيْض	**eggs**
بَيْضة مَسلوقة جَيداً	hard-boiled egg
بَيْضة مَسلوقة بعض الشئ	soft-boiled egg
بَيْضة مَقلية	fried egg
بَيْض مَخْفوق	scrambled eggs
أوملت	omelette

مَكَرونة	**pasta**
مَكرونة شَعْرِيَّة	noodles
اسباجيتي	spaghetti
مَكرونة	macaroni

أطباق تقليدية	**traditional dishes**
شاورْمَة	shawerma *(similar to doner kebab)*

كُشَري	kushari (Egyptian dish made with rice, pasta, lentils and spicy tomato sauce)
فَلافِل	falafel
فَتَّة	fetta (a dish made of meat, bread, rice and soup)
مُسَقَّعة	moussaka
شيش طاووق	mixed grills
مَحْشِي	stuffed vegetables
أُمّ عَلِي	umm ali (Egyptian bread pudding)
أُرْز باللبن	rice pudding
كُنافة	kunafah (dessert with shredded pastry, soft cheese and syrup)
بَقْلاوة	baclava (dessert made with layers of filo pastry, honey and nuts)
تَبُّولة	tabbouleh (Lebanese salad)
فَتُّوش	fattoush (Lebanese salad)
بابا غَنُّوج	baba ganoush (grilled aubergine dip)
وَرق عِنب	stuffed vine leaves
كِباب	kebab
كُفْتة	meat balls
مطهو قليلاً	rare (meat)
مطهو جَيِّداً	well done (meat)
مَحْشِي	stuffed
مُحَمَّر	fried
مقلي	deep-fried
مسلوق	boiled
مشوي	roast

desserts   حَلْوى

apple	تُفَّاح
pear	كُمَّثْرى
apricot	مِشْمِش
peach	خَوْخ
plum	بَرْقوق
melon	شَمَّام
watermelon	بَطيخ
pineapple	أناناس
banana	مَوْز
orange	بُرْتقال
lemon	لَيْمون
grapefruit	جريب فروت
tangerine	يوسُفي
strawberry	فَراوِلة
blackberry	تُوْت أسْوَد
cherry	كريز
green/black grapes	عِنب أخْضَر / أسْوَد
fruit	فاكِهة
fruit salad	سَلَطة فواكِه
cake	كيك
pastries	مُعَجَّنات
ice-cream	أيس كريم ، جيلاتي
yoghurt	زَبادي

sweet things   حلويات

chocolate	شيكولاتة
bar of chocolate	قالِب شيكولاتة
biscuits	بسكويت

مُثَلَّجات	ice lolly
حَلوى	sweets
شيكولاتة	chocolates
لادِن ، لِبان	chewing gum
مَصّاصة	lollipop

طَعْم tastes

حُلو	sweet
مالِح	salty
مُرّ	bitter
حامِض	sour
حارّ	hot, spicy
مُتَبَّل	spicy
بِلا طعم	tasteless

سَآخُذ ...	ماذا تأكُل؟
I'll have ...	what are you having?
أنا أتَّبِع ريجيم	لا آكُلُ اللحم / السَّمَك
I'm on a diet	I don't eat meat/fish
الفاكِهة مُفيدة للصِّحة	عِندي حَساسية للمُكَسَّرات
fruit is good for you	I'm allergic to nuts
نطلُب تيك اواي؟	البَطاطِس المُحَمَّرة ضارّة بالصِّحة
shall we get a takeaway?	chips are bad for you
امتلأت	أنا أتَضَوَّرُ جوعاً
I'm full	I'm really hungry!

Homework help

We should eat more/less ...
يَجِب أَنْ نَأكُل ... أكثر/أقل

It's important ... مِن الضَروري أنْ ...	to eat healthy food. نَأكُل طَعاماً صحياً.
	to eat five portions of fruit and vegetables a day. نَأكُل خمس قِطع من الخُضرَوات والفَاكهة كل يوم.
	to have a balanced diet. نَتَّبع نِظاماً غِذائياً مُتوازناً.
	to know how to cook. نعرف كيف نطبخ.
But ... لكن ...	children don't like vegetables. الأَطفال لا يُحبُّون الخُضرَوات.
	people don't have time to cook. النَّاس ليس عندَهم وَقتٌ للطبخ.
	I don't know how to cook. لا أعرف كيف أطبُخ.
	organic food is too expensive. الأَكل العُضوي غالٍ جداً.
	I like junk food. أُحب الأَكل الغير صحِّي.
	too much salt/fat isn't healthy. الكثير من الملح / الدُهون ليس صحّياً.
I think ... أعتَقد أنَّه ...	we should learn to cook at school. يَجبُ أن نَتعلم الطبخ في المَدرَسة.

buying ready meals is lazy.

من الكسل شراء الوجبات الجاهزة.

school dinners are awful.

وَجَبات المَدرَسة فَظيعة.

it's ok to eat junk food occasionally.

يُمكن تناوُل الأكل الغير صحّي على أوقات مُتباعدة

I'm vegetarian because ...

أنا نَباتي لأنَّ ...

it's cruel to kill animals.

من القَسوة قتل الحَيَوانات.

I don't like meat.

أنا لا أحب أكل اللحم.

vegetarian food is healthier.

الأكل النَباتي صحّي أكثر.

eating meat is against my religion.

تناوُل اللحم ضدَ مُعْتقداتي الدِّينية.

I don't eat chocolate because ...

لا آكُل الشيكولاتة لأنَّ ...

it's fattening.

الشيكولاتة تُسبِّب السِّمنة.

I'm on a diet.

أنا أتَّبِع نظاماً غذائياً.

I don't like sweet things.

أنا لا أحب الحَلوى.

See also sections:

5 HOW ARE YOU FEELING?, **17 HOUSEWORK**, **22 EVENINGS OUT**, **62 QUANTITIES** *and* **63 DESCRIBING THINGS**.

16 التَّدخين
SMOKING

دَخَّن – يُدَخِّن – التَّدخين	to smoke
أشعَل – يُشعِل – الإشعال	to light
أطفأ – يُطفِئ – الإطفاء	to put out

تِبْغ	tobacco
سيجارة	cigarette
لُفافة	roll-up
عُلبَة سَجائِر	packet of cigarettes
عُلبَة تَبْغ	packet of tobacco
أوراق بَفرة	cigarette papers
بايب	pipe
سيجار	cigar
عُود ثِقاب	match
وَلاعَة	lighter
عَقِب سيجارة	cigarette end
رَماد	ash
مِنفَضَة رَماد	ashtray
دُخَان	smoke

مُدَخِّن	smoker
غَير مُدَخِّن	non-smoker
غَير مَسموح بالتَّدخين	non-smoking
مِنطقة مَسموح فيها بالتَّدخين	smoking area
حَظر التَّدخين	smoking ban
اِستِراحة للتَّدخين	cigarette break

التَّدْخِين السَّلْبِي   passive smoking

هل أنت مُدخِّن أم غير مُدخِّن ؟
smoking or non-smoking?

ممنُوع التَّدْخِين في المَطعَم
smoking is not permitted in the restaurant

هل معك ولاعة؟
have you got a light?

هل معكم سَجائِر؟ *Inf*
has anyone got any fags?

 Homework help

I don't smoke.
لا أُدخِّن.

I don't approve of smoking.
لا أوافِق على التَّدْخِين.

I smoke about ... cigarettes a day/a week.
أُدخِّن حوالي ... سيجارة في اليَوم / الأسبوع.

I'm in favour of/against the smoking ban.
أنا مَع / ضِدّ حَظر التَّدخين.

Some people ...	think smoking is cool.
بَعضُ النَّاس ...	يَعتقِدون أنَّ التَّدخِين مُمتاز.
	smoke because their friends do.
	يُدخِّنون لأن أصدِقاءهم يُدَخِّنون.
	say the smoking ban is unfair.
	يقولون إن حَظر التَّدخِين ظُلم.
But ...	smoking is bad for your health.
ولكِن ...	التَّدخِين ضارّ بالصِّحة.

smoking can cause cancer.

التَّدخين يُمكن أن يُسبِّب السَّرطان.

passive smoking is dangerous.

التَّدخين السَّلبي خَطير.

cigarettes are expensive.

السَّجائر غالية.

In my opinion ...

في رأيي ...

cigarettes smell horrible.

السَّجائر رائحَتُها فظيعة.

smoking should be banned in pubs.

يَجب حظر التَّدخين في الحَانات.

people should be allowed to smoke where they want.

يَجب السَّماح للنَّاس بالتَّدخين حَيثُ يُريدون.

See also section:

34 TOPICAL ISSUES.

شُغْل البَيْت 17
HOUSEWORK

الأَعْمال المَنزِلية	chores
حضَّر – يُحضِّر – تحضير الغِداء /العَشاء	to prepare lunch/dinner
غسل – يغسِل – غَسْل الأطباق	to do the washing-up
غسل – يغسِل – غَسْل المَلابس	to do the washing
نظَّف – يُنظِّف – التنظيف	to clean
نظَّف – يُنظِّف – تنظيف البَيْت	to spring-clean
كنَس – يكنُس – الكَنْس	to sweep
نظَّف – يُنظِّف – تنظيف التُّراب	to dust
نظَّف – يُنظِّف – التنظيف بالمِكنَسة الكَهرَبية	to vacuum
رتَّب – يُرتِّب – ترتيب الأسِرّة	to make the beds
مسَح – يمسَح – مَسْح الأرضية	to wash the floor
أعدَّ – يُعِدّ – إعداد المائدة	to set the table
نظَّف – يُنظِّف – تنظيف الطَّاولة	to clear the table
رتَّب – يُرتِّب – ترتيب البَيْت	to tidy up
رتَّب – يُرتِّب – ترتيب الأشياء	to put away, to clear
غسل – يغسِل – الغَسْل	to wash
شطَف – يشطُف – الشَّطْف	to rinse
جفَّف – يُجفِّف – التَّجفيف	to dry
أصلَح – يُصلِح – الإصلاح	to sew, to mend
رتق – يرتُق – الرَّتْق	to darn
كوى – يكوي – الكَيّ	to iron

أَعَدَّ – يُعِدُّ – الإعْداد	to prepare
قَطَعَ – يَقطَعُ – القَطْع	to cut, to chop
قَطَّعَ – يُقَطِّعُ – التَّقطيع	to chop
فَرى – يَفري – الفَرْي	to grate
قَشَّرَ – يُقَشِّرُ – التَّقشير	to peel
طَبَخَ – يَطبُخُ – الطَّبْخ	to cook
سَلَقَ – يَسلُقُ – السَّلْق	to boil
قَلى – يَقلي – القَلْي	to fry
شَوى – يَشوي – الشِّواء	to roast, to grill
ساعَدَ – يُساعِدُ – المُساعَدة	to help, to give a hand
مُرَتَّب	tidy
غَير مُرَتَّب	messy

العَامِلون في البَيت
people who work in the house

رَبَّة بَيْت	housewife
عَامِل نَظافة	cleaner
خِدْمة تَنْظيف البَيت	home help
خَادمة	maid
مُرَبِّية	nanny
مُدير مَنْزِل	butler

أَجهِزة كَهرَبائية
electrical appliances

جِهاز	gadget
مِكنَسة كَهرَبية	vacuum-cleaner
غَسَّالة	washing machine
مُجفِّف مَلابِس	tumbledryer
مِكواة	iron
ماكينة خِياطة	sewing machine

ماكينة إعْداد قَهْوة	coffee machine
خَلاّط	mixer, liquidizer
كَبّة	food processor
عَصّارة	juice extractor
ميكروويف	microwave (oven)
ثَلاّجة	**fridge**
مُجَمِّد	freezer
غَسّالة أطباق	dishwasher
بُوتاجاز بالغاز / بالكَهرُباء	electric/gas cooker
فُرْن	oven
توستر	toaster
مُحَمِّص ساندويتش	sandwich toaster
غاز	gas
كَهْرُباء	electricity
أدَوات مَطْبخ	**utensils**
مِمْسَحة	cloth
فُرْشاة ومِجْرفة	dustpan and brush
مِكْنَسة	broom
مَمْسَحة أرْضية	mop
فُرْشاة	brush
فُرْشاة تواليت	toilet brush
فوطة تجفيف أطباق	dish towel
طاولة كَيّ	ironing board
قِدْر	saucepan
مِقْلاة	frying pan
مِقْلاة عَميقة	wok
قِدْر ضَغْط	pressure cooker

مِرقاق عَجين	rolling pin
مِغْرَفة	spatula
مِلعَقة خشبية	wooden spoon
فَتّاحة عُلب	tin opener
فَتّاحة زُجاجات	bottle opener
بَريمة فَتح زُجاجات	corkscrew
هاوِن	mortar and pestle
ميزان مطبَخ	kitchen scales
صينية كعك	cake tin

مُنتَجات تَنظيف	cleaning products
سائل غَسيل أطباق	washing-up liquid
مَسْحُوق غَسيل	washing powder
مُنَعِّم أقمِشة	fabric softener
كلور	bleach
منشر غَسيل	clothes horse
مَشابك غَسيل	clothes pegs
سَلّة غَسيل	laundry basket
مُعَطِّر جو	air freshener

أَدوات المَائدة	**cutlery**
مِلعَقة	spoon
مِلعَقة شاي	teaspoon
شَوْكة	fork
سِكّين	knife
سِكّين مطبَخ	kitchen knife
سِكّين خُبْز	bread knife

أَطْباق	**dishes**
طبَق	plate

فِنْجان	cup
كُوب	mug
كَأْس	glass
كُوب	glass
كَأْس نبيذ	wine glass
طبق	dish
مَلَّاحة	saltcellar
وِعاء سُكَّر	sugar bowl
حامل بيض	egg cup
إبْريق شاي	teapot
إبْريق قهوة	coffeepot

نحن نَشْترك في شُغل البيت
we share the housework

هذا دوْرُك لإعْداد / لتنْظيف الطَّاولة
it's your turn to set/clear the table

غُرفَتُك كالحَظيرة!
your room is a mess!

See also sections:

15 FOOD *and* **24 THE HOUSE**.

اشْتَرى – يَشْتَري – الشِّراء	to buy
كَلَّفَ – يُكلِّف – التَّكلِفة	to cost
أنْفَقَ – يُنْفِقُ – الإنْفاق	to spend
ساوَمَ – يُساوِم – المُساوَمة	to haggle
بادَل – يُبادِل – المُبادَلة	to exchange
دَفَعَ – يَدْفَعُ – الدَّفْع	to pay
باعَ – يَبيعُ – البَيْع	to sell
باعَ – يَبيعُ – البَيْع بِسِعر مُخفَّض	to sell at a reduced price
ذَهَبَ – يَذْهَب – الذَّهاب لِلتَّسَوُّق	to go shopping
تَسَوَّقَ – يَتَسَوَّق – التَّسَوُّق	to do the shopping

رَخيص	cheap
غالٍ	expensive
مَجَّان	free
مُخفَّض	reduced
عَرْض خاص	on special offer
مُسْتعمَل	second-hand
صَفْقة	bargain

زَبائِن	customers, clientele
عُملاء	clientele
زَبون	customer
عَميل	client
بائِع	shop assistant

مَحَلات وأعْمال	**shops and businesses**
خَبَّاز	baker's
مكتبة	bookshop
جزَّار	butcher's
حلواني	cake shop
محل جمعية خيرية	charity shop
صيدلية	chemist's
اسكافي	cobbler's
متجر مُتعَدِّد الأقسام	department store
محل تنظيف جاف	dry cleaner's
سمَّاك	fishmonger's
بائع زُهور	florist's
محل هدايا	gift shop
خُضَرِيَ	greengrocer
بقَّال	grocer's
مُزَيِّن ، كوافير	hairdresser's
متجر مُعدَّات وأدوات	hardware shop
متجر شامل	hypermarket
سُوق داخلي	indoor market
تاجر حديد وخُرْدوات	ironmonger's
جواهرجي	jeweller's
مغْسلة	launderette
متجر مصْنُوعات جلدية	leather goods shop
سُوق	market
بائع جرائد	newsstand
متجر مُسْكرات	off-licence
تسوُّق على الإنترنت	online shopping
نظاراتي	optician's
متجر حيوانات أليفة	pet shop
متجر مُوسيقى	music shop, CD shop

مَتجَر أَحذِية	shoe shop
مَركَز تِجاري	shopping centre
مَتجَر هَدايا تَذكارِية	souvenir shop
مَتجَر أَدوات رِياضِيّة	sports shop
مَتجَر أَدوات مَكتَبِيّة	stationer's
سُوق	street market
سُوبرماركت	supermarket
بائِع تَبغ	tobacconist's
تَوكيل سِياحي	travel agent's
فاترينة	shop window
مَبيعات	sales
قِسم	department
غُرفة قِياس مَلابِس	fitting room
مَقاس	size
سِعر	price
كاونتر	counter
كاشير	till
فَكّة	change (coins)
باقي	change (money returned)
بِطاقة ائتِمان	credit card
رَقم سِرّي	PIN code
بِطاقة عُملاء مَتجَر	loyalty card
سَلّة مُشتَرَيات	shopping basket
عَرَبة مُشتَرَيات	trolley
حَقيبة	bag
طَلَب	order
تَوصيل	delivery

هل تبيع اللَّبن؟
do you sell milk?

هل يُمكنني مُساعدتك؟
can I help you?

أريد كيلو تُفَّاح من فضلك
I would like a kilo of apples please

هذا كُلُّ شيّ، شُكراً
that's all, thank you

هل تُريد شيئاً آخر؟
anything else?

السِّعر ٤٥ جُنيهاً
that comes to 45 pounds

كم الحساب؟
how much is it?

لا تُوجد لدَيَّ فَكَّة
I haven't got any small change

هل تُريد لَفَّة هدية؟
do you want it gift-wrapped?

أحب مُشاهدة الفاترينات
I love window-shopping

أين قسم الأحذية؟
where is the shoe department?

أشْتري مُعظم احتياجاتي من على الإنترنت
I do most of my shopping online

أضف إلى سلَّة المُشترَيات
add to basket

أدخل بيانات بطاقتك
enter your card details

أنفقْتُ الكثير من النُّقود اليوم!
I've spent a fortune today!

تَوجَّه إلى قسم الخُروج
proceed to checkout

Note

While مُزَيِّن is used for a men's hairdresser or barber, كوافير is used for a lady's hairdresser.

See also sections:

2 CLOTHES AND FASHION, **9 JOBS AND WORK** *and* **33 MONEY**.

رِياضة 19
SPORT

تَمرَنَ – يَتَمرَنُ – التَّمرُن	to exercise
حَسَّنَ – يُحَسِّنُ – تحسين اللِّياقة	to get fit
ذَهَبَ – يَذهَبُ – الذِّهاب لِصالة الرِّياضة	to go to the gym
سَخَّنَ – يُسَخِّنُ – التَّسخين	to warm up
استَراحَ – يَستَريحُ – الاستَراحة	to cool down
مَرَّنَ – يُمَرِّنُ – التَّمرين	to train
عَمِلَ – يَعمَلُ – عَمَل تَمرين ضَغط	to do press-ups
عَمِلَ – يَعمَلُ – عَمَل تَمرين رَفع	to do sit-ups
تَمَدَّدَ – يَتَمَدَّدُ – التَّمَدُّد	to stretch
جَرى – يَجري – الجَري	to run
سَبَحَ – يَسبَحُ – السِّباحة	to swim
سَبَحَ – يَسبَحُ – السِّباحة تَحت الماء	to (skin-)dive
غاصَ – يَغوصُ – الغَوص	to dive in
جَدَّفَ – يُجَدِّفُ – التَّجديف	to row
قَفَزَ – يَقفِزُ – القَفز	to jump
قَذَفَ – يَقذِفُ – القَذف	to throw
تَزَلَّجَ – يَتَزَلَّجُ – التَّزَلُّج على الجَليد	to ski
تَزَلَّجَ – يَتَزَلَّجُ – التَّزَلُّج	to skate
صادَ – يَصيدُ – صَيد السَّمك	to fish
صادَ – يَصيدُ – الصَّيد	to hunt
لَعِبَ – يَلعَبُ – اللَّعِب	to play
لَعِبَ – يَلعَبُ – لَعِب كُرة القَدَم / الكُرة الطّائرة	to play football/volleyball

رَكِبَ – يَركَبْ – رُكوب الخَيْل	to go horseriding
أحرزَ – يُحرِزُ – إحراز هدف	to score a goal
أحرزَ – يُحرِزُ – إحراز هدف في مَرْمى فَريقه	to score an own goal
ذهبَ – يذهبْ – الذَهاب للصَّيْد	to go hunting
ذهبَ – يذهبْ – الذَهاب لصَيْد السَّمك	to go fishing
فازَ – يفوزُ – الفَوْز	to win
خسِرَ – يخسَرُ – الخسارة	to lose
في المُقَدِّمة	in the lead
كسَرَ – يكسِرُ – كسْر رقم قياسيَ	to beat a record
رمى – يَرْمي – رمْيَ رمْية البداية	to serve (tennis)
سدَّدَ – يُسدِّدُ – التَّسْديد	to shoot

مُحْترف	professional
هاوٍ	amateur
حريص على	keen on
شَديد الحِرْص على	very keen on

أنواع رياضات	**types of sport**
أيروبيكس	aerobics
ألعاب قوى	athletics
سباحة ظهْر	backstroke
باليه	ballet
رقص كلاسيكي	ballroom dancing
كرة سلَّة	basketball
رقص شرْقي	belly dancing
كمال أجْسام	bodybuilding
مُلاكمة	boxing
سباحة صدْر	breast-stroke
سباحة فراشة	butterfly-stroke

رُكوب قَوارِب	canoeing
رِمايَة	clay-pigeon shooting
تَسَلُّق	climbing
سِباحَة حُرَّة	crawl
كْريكِيت	cricket
رُكوب دَراجَات	cycling
رِياضَات خَطِرَة	extreme sports
شِيش	fencing
رَقْص على جَليد	figure skating
صَيْد أسْمَاك	fishing
كُرَة قَدَم	football
رُكوب طائِرات شِراعِية	gliding
جُولْف	golf
جُمْبَاز	gymnastics
كُرَة يَدّ	handball
وَثْب عَالِي	high jump
رُكوب خَيْل	horseriding
صَيْد	hunting
هُوكِي جَليد	ice hockey
رَقْص جاز	jazz dance
عَدْو	jogging
جُودو	judo
كَارَاتيه	karate
مُلاكَمَة بالأَقْدَام	kickboxing
وَثْب طَويل	long jump
تَسَلُّق جِبَال	mountaineering
القَفْز بالمَظَلات	parachuting
اسْتِكْشاف الكُهوف	pot-holing
رَجْبِي	rugby
قَوارِب شِراعِية	sailing

تَزَلُّج	skating
تَزَلُّج على الجَليد	skiing
تَزَلُّج بالألواح	snowboarding
سِباحة	swimming
تنس طاولة	table tennis
تاي تشي	tai chi
رَقص كلاكيت	tap dancing
تنس	tennis
صَيد تحت الماء	underwater fishing
كُرة طائرة	volleyball
تَزَلُّج على الماء	water-skiing
رَفع أثقال	weight-lifting
رياضات شتوية	winter sports
مُصارعة	wrestling
يُوجا	yoga

أدَوات رياضية	**sports equipment**
كُرة	ball
حِذاء رياضي	trainers
حِذاء كُرة قدَم	football boots
حِذاء بَاليه	ballet shoes
رِباط لتَجْفيف العَرَق	sweat bands
مَلابِس رياضية	sportswear
غِطاء رأس للسِّباحة	swimming cap
نَظّارة سباحة	goggles
خُوذة	helmet
رِباط رُكبة	knee pads
مَلابِس واقية للأَرْجل	shin pads
قُفّازات مُلاكمة	boxing gloves
مِضْرب	bat

مِضْرَب تِنِس	tennis racket
شَبَكَة	net
مِضْرَب جولف	golf club
دَرَّاجَة	bicycle
سَرْج	saddle
أَثْقال	weights
مُتَوازِيان	parallel bars
لَوْحَة غَطْس	diving board
قارِب شِراعي	sailing boat
قارِب تَجْديف	canoe
لَوْحَة رُكوب أَمْواج	surfboard
لَوْحَة تَزَلُّج على الجَليد	snowboard
زَلاجات	skis
عَصا تَزَلُّج	ski poles
حِذاء تَزَلُّج	ice skates
قَصَبَة صَيْد	fishing rod
ساعَة إيقاف	stopwatch

أَماكِن	**places**
حَقْل	pitch, field
مَلْعَب تِنِس	tennis court
مَلْعَب جولف	golf course
حَمّامات	showers
استاد	stadium
صالَة رِياضَة	gym(nasium)
استوديو	studio
مَسْبَح ، حَمّام سِباحَة	swimming pool
غُرْفَة تَبْديل مَلابِس	changing rooms
ساوْنا	sauna
جاكوزي	jacuzzi

مُنحْدر تزلُّج	(ski) slope
حلبة تزلُّج	ice-rink
مركز رياضي	sports centre
مُنافسة	**competing**
تمْرين	training
تسْخين	warm-up
اسْتراحة	cooldown
حدث رياضي	sporting event
بُطولة	championship
مُسابقة	tournament
حدث	event
دوْري	league
نهائي	final
نهائي كأْس	cup final
الألعاب الأوليمبية	Olympic Games
سباق	race
عدْو	sprint
مارائون	marathon
رقم قياسي	record
رقم قياسي عالمي	world record
فريق	team
فريق فائز	winning team
مُباراة	match
شوط أوّل	first half
شوط الثّاني	second half
استراحة نصف الوقت	half-time
هدَف	goal
تعادُل	draw

وَقْت إِضافي	extra time
رَمْية جَزاء	penalty kick
ضَرَبات تَرجيحيَّة	penalty shoot-out
هَدَف ذَهَبي	golden goal
ضَرْبة حُرَّة	free kick
ضَرْبة رُكنيَّة	offside
بِطاقة صَفْراء / حَمْراء	yellow/red card
كَأس العالَم	World Cup

ميدالية	medal
كَأس	cup
جائِزة	trophy
جائِزة	prize, trophy

أَشْخاص — **people**

رياضيّ	sportsman
رياضيَّة	sportwoman
مُتَسَلِّق جِبال	mountaineer
مُلاكِم	boxer
راكِب دَرّاجات	cyclist
عَدّاء	runner
مُتَزَلِّج	skier
لاعِب كُرة قَدَم	football player
حارِس مَرمَى	goalkeeper
لاعِب	player
لاعِب كُرة يَد	handball player
لاعِب تِنس	tennis player
سَبّاح	swimmer
مُتَزَلِّج	skater

بَطَل	champion
حامِل رقم قياسي	record holder
فائِز	winner
خاسِر	loser
حَكَم	referee
مُدَرِّب	coach
مُعَلِّم	instructor
مُشَجِّع	supporter

أنا أُحِبُّ السِّباحة جِدًّا
I really like swimming

هي حاصِلة على الحِزام الأَسوَد في الكاراتيه
she's a black-belt in karate

العَدّاء تَخطَّى خَط النِّهاية
the runner crossed the finishing line

كان مِن الضَّروري لَعِب وَقت إِضافي
they had to go into extra time

انتهت المُباراة بالتَّعادُل
the match was a draw

هَزَمناهُم!
we beat them!

استَعِدَّ، انطلِق!
ready, steady, go!

 Homework help

My favourite sport is ...	I like playing/watching ...
رياضتي المُفَضَّلة هي ...	أُحِب لَعِب / مُشاهَدَة ...

I'm good/not very good at sports.
أُجيد / لا أُجيد الرِّياضة.

Some people ...	find watching sport boring.
بَعضُ النّاس ...	يَجِدون مُشاهَدَة المُبارَيات مُمِلَّة.

say footballers get paid too much.

يَقولون إِنّ لاعِبي كُرة القَدَم يَحصُلون على أموال أكثَر مِن اللازِم.

don't do enough exercise.

لا يتَمرَّنون بِشكل كاف.

| I think ... | it's important to keep fit. |
| أعتَقِد أنّه ... | مِن الضّروري المُحافَظة على اللياقة. |

we should do more/less sport at school.

يجِبُ أن نعمل رياضة أكثَر / أقَلّ في المَدارِس.

| However ... | I don't have time to exercise. |
| ومَعَ ذلكَ ... | لا يوجَد عَندي الوَقت لمُمارَسة الرِّياضة. |

we need better sports facilities.

نحتاجُ إلى مَرافِق رِياضية أفْضل.

going to a gym is too expensive.

الذَّهاب إلى صالة الرِّياضة مُكلِّف للغاية.

I don't like competitive sports.

لا أُحِبّ الرِّياضات التَنافسية.

See also section:

2 CLOTHES AND FASHION.

اسْتَمْتَع – يَسْتَمْتِع – الاسْتِمْتاع	to enjoy oneself
مَلَّ – يَمَلُّ – المَلَل	to be bored
قَرَأَ – يَقْرَأُ – القِراءة	**to read**
رَسَم – يَرْسِم – الرَّسْم	to draw
لَوَّن – يُلَوِّن – التَلوين	to paint
صَوَّر – يُصَوِّرُ – التَصوير	to take photographs
جَمَع – يجمَع – الجَمْع	to collect
طَبَخ – يطبُخ – الطَبْخ	to cook
خاط – يخيط – الخِياطة	to sew
نسَج – ينسِج – النَّسْج	to knit
لعِب – يلعَب – لعِب الكلمات المُتقاطعة	to do crosswords
رقَص – يرقُص – الرَّقص	to dance
غنَّى – يُغنِّي – الغِناء	to sing
عزَف – يعزِف – عزْف البيانو / الجيتار	to play the piano/guitar
مثَّل – يمثِّل – التَمْثيل	to act
لعِب – يلعَب – اللعِب	to play
فاز – يفوزُ – الفَوْز	to win
خسِر – يخسَر – الخَسارة	to lose
غَشَّ – يغِشُّ – الغِش	to cheat
راهَن – يُراهِن – المُراهَنة	to bet

شاهَدَ – يُشاهِدُ – مُشاهَدة التليفزيون / الدي في دي	to watch TV/DVDs
لَعِبَ – يَلعَبُ – لَعِب ألعاب الكُمبيوتر	to play video games
بَحَثَ – يَبحَثُ – البَحث على الإنترنت	to surf the Internet
دَردَشَ – يُدَردِشُ – الدَردشة على الإنترنت	to chat online
حافَظَ – يُحافِظُ – المُحافَظة على اللِياقة	to keep fit
ذَهَبَ – يَذهَبُ – الذَهاب للتَمشِية	to go for walks
رَكِبَ – يَركَبُ – رُكوب الدَراجَة للتَنَزُه	to go for a bike ride
رَكِبَ – يَركَبُ – رُكوب الدَراجَة	to cycle
ذَهَبَ – يَذهَبُ – الذَهاب لصَيد السَمك	to go fishing
ذَهَبَ – يَذهَبُ – الذَهاب للصَيد	to go hunting
ذَهَبَ – يَذهَبُ – الذَهاب في رِحْلَة	to go on a trip
قابَلَ – يُقابِلُ – مُقابَلة النَاس	to socialize
استَضافَ – يَستَضيفُ – الاستِضافة	to entertain
حَضَرَ – يَحضُرُ – حُضور دُروس مَسائية	to go to evening classes
تَعَلَّمَ – يَتَعَلَّمُ – تَعَلُّم	to learn something
قامَ – يَقومُ – القِيام بعَمل تَطَوُّعي	to do voluntary work
شَيِّق	interesting
جَذّاب	fascinating
مُثير	thrilling
مُمِل	boring
هِوَاية	hobby
تَسلِية	pastime

وَقْت فَراغ	free time
تَرْفيه	leisure
نادٍ	club
عُضْو	member
قِراءة	reading
كِتاب	book
مَجَلَّة	magazine
شِعْر	poetry
قَصيدة	poem
رَسْم	drawing
تَلْوين	painting
فُرْشاة	brush
نَحْت	sculpture
خَزَف	pottery
سيراميك	ceramics
أَعْمال يَدَوية	craftwork
ديكور وإصْلاح	DIY
مِطْرَقة	hammer
مِفَكّ	screwdriver
مِسْمار	nail
بُرْغيّ	screw
مِثْقاب	drill
مِنْشار	saw
مِبْرَد	file
صَمْغ	glue
تَصْوير	photography
آلة تَصْوير	camera
كاميرا رَقَمية	digital camera
فيلم	film

صُورَة	photograph
فيديو	video
اسْتِخْدام الكَمبيوتر	computing
كَمبيوتر	computer
الإنْترنت	Internet
مَوقِع	website
غُرفَة دردشة	chatroom
جمع طوابِع	stamp collecting
طابِع	stamp
ألبوم	album, scrapbook
مَجمُوعَة	collection
طَبْخ	cooking
وَصْفة	recipe
صَيْد	hunting
صَيْد سَمَك	fishing
خِياطَة	dressmaking
مَاكينة خِياطَة	sewing machine
إِبْرة	needle
خَيْط	thread
قُمْع خِياط	thimble
بَاترون	pattern
شُغْل إِبْرة	knitting
إِبرة تَريكو	knitting needle
لَفَّة خَيْط صُوْفي	ball of wool
رَقْص	dancing
بَاليه	ballet
تَمْثيل مَسْرَحي	drama
مُوسيقى	music
غِناء	singing

أُغْنِية	song
فَرِيق غِنائي	choir
مُوسيقى البوب	pop music
آلة مُوسيقية	instrument
بيانو	piano
كمان	violin
تشيللو	cello
كلارينت	clarinet
فلوت	flute
مِزْمار	recorder
جيتار	guitar
طبْلة	drums
دُمْية	toy
لُعْبة	game
شطرنج	chess
لعبة داما	draughts
دومينو	dominoes
طاولة	backgammon
وَرَق لعب	pack of cards
ورقة لعب	card
مُكعبات نَرْد (زهر طاولة)	dice
مُراهنة	bet

أَتَعلَّمُ الباليه
I take ballet lessons

أُحبُّ القِراءَة / التريكو
I like reading/knitting

رَامِي يُحبُّ السِنيما
Ramy is very keen on the cinema

نحن نُحبُّ اسْتِضَافَة النَّاس
we enjoy entertaining

هَل يَمكُنُنا لَعِب الشَطرَنج؟
shall we have a game of chess?

هَذا دَوْرُك
it's your turn

دَوْرُ مَنْ الآن؟
whose turn is it?

أَنا آخُذُ دُروساً مَسائية في التَّصوير
I'm taking an evening class in photography

هو عَبقَري في الكُمبيوتر
he's a whizz with computers

هِي تَخْرُجُ مع أصدقائها
she's with her friends

See also sections:

19 SPORT, 21 MEDIA, 22 EVENINGS OUT, 39 COMPUTERS AND THE INTERNET and **46 CAMPING, CARAVANNING AND YOUTH HOSTELS**.

استَمَعَ – يستمِعُ – الاستماع إلى	to listen to
شاهَدَ – يُشاهِدُ – المُشاهدة	to watch
قرأ – يقرأ – القراءة	to read
فتَح – يفتَحُ – الفتح	to switch on
أغلَق – يُغلِق – الإغلاق	to switch off
غَيَّر – يُغَيِّرُ – التَغيير	to switch over
ضبط – يضبطُ – ضبط الموجة	to tune into
نزَّل – يُنزِّلُ – التَنزيل	to download

إذاعة	**radio**
مذياع	radio (set)
برنامج (إذاعة)	(radio) broadcast, programme
نشرة أخبار	news bulletin
أخبار	news
مُقابلة	interview
أغنية مُنفردة	single
شريط	album

إعْلان	advert, commercial
شارة مُميَّزة	jingle
مُستمِع	listener
دي جي	DJ
مُقدِّم	presenter
محطة إذاعة	radio station
برنامج	programme

تَنْبيه مُروريّ	traffic alert
تَرَدُّد	frequency
إف إم	FM
المَوْجة القصيرة / المُتَوَسِّطة	short/medium wave
استقبال	reception
تَداخُل	interference
إذاعة غير قانونيّة	pirate radio
بودكاست	podcast
مُشَغِّل مَلَفّات صَوتية	MP3 player

تِليفزيون **television**

تليفزيون	television set
تلفاز	TV
شاشة	screen
شاشة مُسَطَّحة	flat screen
هوائي استقبال	aerial
قناة	channel
جِهاز تَحَكُّم عَن بُعْد	remote control
بَرنامَج تليفزيوني	TV programme
إرسال حَيّ	live broadcast
أُستوديو	studio
نَشْرة أخبار	news bulletin
خَبَر	news item
خَبَر عَاجِل	breaking news
بَرنامَج أحداث جارية	current affairs programme
بَرنامَج حِوار	gossip program
بَرنامَج وَثائقي	documentary
مُسَلْسَل	serial
سيتكوم	sitcom
بَرنامَج مُسابقات	quiz show

برنامج حوار	chat show
برنامج مواهب	talent show
تليفزيون الواقع	reality TV

إعلان تليفزيوني	advert, TV commercial
فاصل إعلاني	commercial break
شعار	slogan
راع	sponsor
رعَاية	sponsorship

قارئ أخبار	newsreader, presenter
نجم تليفزيوني	TV star
نجم فُكاهي	stand-up comedian
مُشاهد	viewer
طبق استقبال	satellite dish
إرسال تليفزيوني فضائي	satellite TV
إرسال تليفزيوني سلكي	cable TV
إرسال تليفزيوني رقمي	digital TV
دفع للمُشاهدة	pay-per-view
دليل برامج تليفزيونية	TV guide
دي في دي	DVD
مُشغّل أقراص دي في دي	DVD player
فيديو	video
مُسجّل فيديو	video recorder

صحَافة **press**

صحيفة ، جريدة	newspaper
صحيفة صباحية / مسائية	morning/evening paper
صحيفة شعْبية	tabloid
صحيفة رسْمية	broadsheet

صَحيفة يَوميّة	daily paper
صَحيفة أسْبوعيّة	weekly paper
مَجَلّة	magazine
مَجَلّة فَنّية	celebrity magazine
مَجَلّة نِسائيّة / رِجاليّة	women's/men's magazine
مَجَلّة شَباب	teen magazine
مَجَلّة مُوضة	fashion magazine
قِصّة فُكاهيّة مُصَوَّرة	comic
صَحافة صَفْراء	gutter press, tabloids
مَوْقِع إخْباري	news site
صَحافة	journalism
صَحَفي	journalist
مُراسِل صَحَفي	reporter
رَئيس تَحْرير	chief editor
مُصَوِّر صَحَفي طُفَيْلي	paparazzi
تَقْرير صَحَفي	press report
مَقال صَحَفي	article
مَقال افتتاحي	editorial
صَفْحة أُولى	front page
عَناوين	headlines
عَمود (ثابِت)	(regular) column
صَفْحة الرِّياضة	sports page
أبْراج	horoscope
عَمود مُشكلات	agony column
إعْلانات مُبَوَّبة	classified ads
عَمود المُشكلات العاطفيّة	lonely hearts column
إعْلان على الكُمبيوتر	online advertising
مُؤْتَمَر صَحَفي	press conference

وكالة أنباء	news agency
توزيع	circulation

مُباشر من طنجة	العناوين ركَّزَت على الاختطاف
live from Tangiers	the hijacking made the headlines
ماذا يوجد في التّليفزيون اللَّيلة؟	أحبُّ مُشاهَدة البرامج الوثائقية
what's on television tonight?	I like watching documentaries

 Homework help

I think ... أعتقدُ أنَّه...	there are too many reality shows on TV these days. هُناكَ الكثير من بَرامج تليفزيون الوَاقِع تُبثُّ هذه الأيَام.
	there's too much violence on TV. هناك الكثير من العُنف على التليفزيون.
	it's important to watch the news. من الضّروري مُشاهَدة الأخبار.
Young people ... الشَّباب ...	don't watch the news. لا يُشَاهدُون الأخبار.
	watch too much television. يُشاهدون التليفزيون كثيراً.
	get information on the Internet. يَحصُلُون على المَعلُومَات من على الإنترنت.
	spend a lot of money on magazines. يُنفقون الكثير على المجلَّات.
It annoys me when ... أتَضايَق عندَما ...	shows have lots of ad breaks. تعرِضُ البَرامِج الكثير من الفَواصِل الإعلانية.

people keep channel-hopping.

يُحَوِّل النَّاس من قَنَاة لأخْرَى كَثيراً.

people don't care about what's happening in the world.

لا يَهتَمُّ النَّاس بما يَحدُثُ في العَالَم.

See also section:

39 COMPUTERS AND THE INTERNET.

خرَج – يخرُج – الخُروج	to go out
احتفل – يحتفل – الاحتفال	to party, to have a night out
رقَص – يرقُص – الرَّقص	to dance
ذهَب – يذهَب – الذَّهاب للرَّقص	to go dancing
ذهَب – يذهَب – الذَّهاب للحانة	to go to the pub
ذهَب – يذهَب – الذَّهاب للشُّرب	to go for a drink
سكِر – يسكَر – السُّكر	to get drunk
ذهَب – يذهَب – الذَّهاب لحفلة	to go to a party
أقام – يُقيم – إقامة حفلة	to have a party
ذهَب – يذهَب – الذَّهاب لكازينو	to go to a casino
دعا – يدْعو – الدَّعوة	to invite
دردش – يدردش – الدَّردشة	to chat somebody up
قابل – يُقابل – المُقابلة	to meet somebody
حجَز – يحجِز – الحَجز	to book
اشترى – يشتري – شراء تذكرة	to buy a ticket
صفَّق – يصفِّق – التَّصفيق	to applaud
صاحَب – يُصاحِب – المُصاحبة	to accompany
ذهَب – يذهَب – الذَّهاب للبيْت	to go/come home

عُروض shows

المَعْروض	what's on
شبَّاك تذاكر	ticket office
تذْكرة	ticket
برْنامج	programme
جمْهور	audience

مُشَاهدون	spectators
تَصْفِيق	applause
مَسْرَح	theatre
سينما	cinema
حَفلات مُوسيقية	concerts
باليه	ballet
أُوبرا	opera
سيرك	circus
ألعَاب نارِيَّة	fireworks
مَسرَح	theatre
خَشَبَة مَسرَح	stage
مُعدَّات مَنْظَر	set
كواليس	wings
سِتَار	curtain
حُجرة إِيدَاع	cloakroom
مقْعَد أَمَامِي	stalls
فَاصِل	interval
مَسرَحِية	play
كُوميديا	comedy
تراجيديا	tragedy
حَفل مُوسيقى كلاسيكية	classical concert
حَفل مُوسيقى روك	rock concert
عَامِل في مَسرَح	usher
مُمثَل / مُمَثلة	actor/actress
رَاقص باليه	ballet dancer
مَايسترو	conductor

مُوسيقيون	musicians
مُطْرِب	singer
ساحِر	magician
مُهَرِّج	clown
مُدَرِّب حيوانات	animal trainer

السِّينما — the cinema

فيلم	film
سينما	cinema
مَعروض	showing
شاشة	screen

رُسوم مُتحرِّكة	cartoon
وَثائقي	documentary
فيلم رُعب	horror film
فيلم خِيال عِلمي	science fiction film
فيلم غَرْب أمْريكي	Western
فيلم باللغة الأصلية	film in the original language
تَرجَمة	subtitles
فيلم أبيض وأسوَد	black and white film

مُخْرِج سينَمائي	film director
نَجْم	star

مَلاه ورقص — clubs and dances

رقصَة	dance
مَلْهى ليلي	night club
حَفل راقص	rave
حَانة	bar
تسجيل	record

حَلَبة الرَّقص	dance floor
فِرقة مُوسيقية	band, group
دي جي	DJ
سمّاعات	speakers
بطاقة هُويَّة	identity card
إعلان	flyer

الأَكل خارج المَنزل — **eating out**

مطعَم	restaurant
كافيتريا	café
حانة	pub
حانة	bar

نادِل	waiter; barman
مُضيفة	waitress
رَئيس نادِلين	head waiter

طَبق خاص	today's special
قائمة طعَام	menu
قائمة نَبيذ	wine list
حِساب	bill
فاتُورة	bill
بقشيش	tip

حَفَلات — **parties**

حفْل	party
ضُيوف	guests
مُضيف	host
هدِيَّة	present
مَشْرُوبات	drinks

كوكتيل	cocktail
مَأكُولات خفيفة	nibbles
عيد ميلاد	birthday
كَعكة عيد ميلاد	birthday cake
شُموع	candles

حياة اجتماعية	social life
موعد	date
وكَالة تعارُف	dating agency
تعارُف على الإنترنت	online dating
ليلة عُزّاب	singles' night
خطّ دَردشة	chat-up line

مَرّة ثانية
encore!

نفدت
it's sold out

ماذا ستعمل اللّيلة؟
are you doing anything tonight?

هُناك حفلٌ في بيتها
there's a party at her place

لديهم حياة اجتماعية مُمتازة
they've got a great social life

هو دائماً يَتكَلّم مَع البَنات
he's always chatting up girls

لا تستطيع أن تُقاوم الحَفلات
she loves to party

See also section:

15 FOOD.

23 غُرْفَتي
MY ROOM

أَرْضِية	floor
سَجّادَة	(fitted) carpet
سَقْف	ceiling
بَاب	door
شُبّاك	window
سَتائِر	curtains
شيش	shutters, blinds
حَوائِط	walls
مِدْفَئَة	radiator
مِقْبَس كَهْرَباء	socket, plug

أَثاث	**furniture**
سَرير	bed
سَرير صَغير	single bed
سَرير كَبير	double bed
سَرير بدورين	bunk beds
سَرير مُزْدَوج	twin beds
أَريكة بسَرير	sofa bed
مَقْعَد وَثير	futon
مَرْتَبة	mattress
غِطاء سَرير	bedspread
بَطّانية	blanket
مَلاءَة	sheet
وَسادَة	pillow
طاوِلة جانِبية	bedside table

خِزَانَة أَدْراج	chest of drawers
طاوِلة زِينة	dressing table
دولاب مَلابِس	wardrobe
خِزَانة	chest
مَكْتب	desk
كُرسِي	chair, stool
مَقْعَد وَثِير	armchair
مَقْعَد هوائي	beanbag
رَفّ	shelf
مَكْتَبة	bookcase

أَغْراض	**objects**
مِصباح مَكْتب	table lamp
مِصباح	lamp
أَباجُورة	lampshade
لَمْبة	light bulb
شَمعة	candle
مُنَبّه	alarm clock
بِساط	rug
وِسادَة	cushion
مُلْصِق	poster
صُورة	picture
صُورة فوتوغرافية	photograph
إطار	picture frame
نَبات	plant
إصِّيص زُهُور	flowerpot
مَزْهَرية	vase
مِرآة	mirror
مِرآة بالحجم الطَّبيعي	full-length mirror

كِتَاب	book
تِلِيفِزيون مَحْمُول	portable TV
مِذْيَاع	radio
جِهاز تسْجيل	stereo
حاسُوب	computer
دُمية دُبّ	teddy bear
دُمية	toy
بيجامَة	pyjamas
قَميص نَوم	dressing gown
خُفّ	slippers

وَقت الاستيقاظ it's time to get up	هَذا وَقت النَّوم it's bedtime
	ما زال في السَّرير he's still in bed

Homework help

My room is big/small/tidy/messy.
غُرفتي كبيرة / صَغيرة / مُرتَّبة / غير مُرتَّبة.

My duvet/carpet is ... لِحَافي / سَجَّادتي ...	My curtains/walls are ... سَتائري / حَوائطي ...
The bed is next to... السَّرير بجانب ...	On the bed is... عَلى السَّرير يُوجَد ...
Under the bed are ... تحت السَّرير يُوجَد ...	In the cupboard I have ... في الخِزانة عِندي ...
The desk is opposite ... المَكتب في مُواجَهة ...	

The shelves are above ...
الأرفُف فوق ...

The TV is on top of ...
التّليفزيون فوق ...

The lamp is on ...
المصباح علَى ...

The mirror is below ...
المرآة تحت ...

My photos are in front of ...
صُوري أمام ...

There's a poster behind ...
يُوجد مُلصق خلف ...

I keep ...
أحتفظ بِ...

my clothes in the wardrobe.
ملابِسي في الدُّولاب.

my books on a shelf.
كُتبي على الرَّف.

my toys under the bed.
لعَبي تحت السَّرير.

my CDs in a box.
أقراصي المُوسيقية في الصُّندوق.

See also sections:

14 DAILY ROUTINE AND SLEEP *and* **24 THE HOUSE**.

عَاش – يَعيشُ – العَيش	to live
انتَقَل – يَنتَقِل – الانتِقال	to move house
إسكَان	housing
بَيت	house
شَقَّة	flat
شَقَّة بَلَدية	council flat
إيجار	rent
رَهن عَقارِي	mortgage
نَقل	removal
مَالِك	owner
صَاحِب بَيْت	landlord
مُستَأجِر	tenant
زَميل سَكَن	housemate
زَميل شَقَّة	flatmate
عَامِل نَظافة	caretaker

أجزَاء البَيت	**parts of the house**
بَدروم	basement
طَابِق أرضي	ground floor
طَابِق أوَّل	first floor
عِلِّيَة	loft
مَدخَل	entrance
بَسْطة سُلَّم	landing
سُلَّم	stair(s)

دَرَجَة	step
دَرابزين	banister
مِصعَد	lift
رُكْن	corner
سَقْف	roof
مِدْخَنة	chimney
مِدْفَأة	fireplace
بَاب	door
مَدْخَل	front door
بَاب خَلفِي	back door
نَافِذة	window
نَافِذة فرنسية	French window
كُوَّة سَقْف	skylight
شُرْفة	balcony
مِرْأب	garage
طَابِق عُلْوي	upstairs
طَابِق سُفْلي	downstairs

الغُرَف — **the rooms**

(صَالة) المَدخَل	entrance (hall)
مَمَرّ	corridor
مَطْبخ	kitchen
حُجرة مُوَن	pantry
غُرْفة سُفْرة	dining room
غُرْفة معيشة	living room, lounge
مكتب	study
مكتبة	library
غُرْفة نَوْم	bedroom
غُرْفة نَوْم إضافِيَّة	spare room

حَمَّام	bathroom
مِرحَاض	toilet

أَثَاث	**furniture**
خِزَانة جَانِبية	sideboard
خِزَانة	cupboard
مَكتَبة	bookcase
رَفّ	shelf
كرسي هَزَّاز	rocking chair
طَاوِلة	table, coffee table
مَكتَب	desk
بِيانُو	piano
كرسي	chair
مَقعَد وَثِير	armchair
أَرِيكة	sofa

حَوض اِستِحمَام	bath
دُشّ	shower
حَوض	washbasin
شَطَّاف	bidet

أَشيَاء وتَركِيبات	**objects and fittings**
سَجَّادة	(fitted) carpet
بِسَاط	rug
بِسَاط حَمَّام	bathmat
تَدفِئة مَركَزية	central heating
مِدفَأة	fireplace
رَفّ مِدفَأة	mantelpiece
شَمعدَان	candlestick
مِنفَضة رَماد	ashtray

ثُقْب مِفْتاح	keyhole
وِسادَة	cushion
صُنْدوق قمامة	bin
سُلَّم	ladder
مِرآة	mirror
مِمْسَحة أَرْجُل	doormat
حَوض مطبخ	kitchen sink
صُنْبُور	tap
مزهرية	vase
مِصباح	lightbulb
مِفْتاح	key
إطار	frame
زِينة	ornaments
سَلّة أوراق	wastepaper basket
حامِل مظلّات	umbrella stand
حَمّالة مَعاطِف	coat rack
مِقْبَض باب	door-handle
رفّ مجلّات	magazine rack
جَرَس باب	doorbell
صُنْدُوق خطابات	letterbox
هاتِف	telephone
تليفزيون	television
(جِهاز) فيديو	video (player)
مُشَغِّل أقراص سي دي	CD player
مُشَغِّل أقراص دي في دي	DVD player
جِهاز تسجيل	stereo
مُسَجِّل	tape-recorder
شَريط	tape
أَلْبُوم غِنائي	album

فيديو	video
سي دي	CD
دي في دي	DVD

the garden الحَديقة

عُشب	lawn
حَوض لِزِراعَة خَضراوات	vegetable patch
فِناء	yard
شُرفة في حَديقة	terrace
صَوبَة زُجاجِية	greenhouse
سور	fence
مَخزِن أدَوات حَديقة	garden shed
مِظلة كبيرة	parasol
مِدفَئة حَديقة	patio heater
شِواء	barbecue
بِرْكة	pond
مَسبَح صغير	paddling pool
أرْجوحة	swings
عَرَبة يَد	wheelbarrow
خُرْطوم	hose
رَشاش مِياه	watering can

المِنطقة تَبدو خَطيرة بَعضَ الشَيْئ	بَيتُهُم كَبيرٌ جِداً
this area isn't very safe	their house is huge

 *Homework help*

I live in a house/flat.
أَسكُنُ في بَيتٍ / شَقَّةٍ.

My house is big/small/old/modern.
بيتي كبيرٌ / صَغيرٌ / قديمٌ / حديثٌ.

In our house we have ...
في بَيتنا عندَنا ...

Upstairs/downstairs there is ...
في الدَّوْر العُلوي / الدَّوْر السُفلي يُوجد ...

The living room is next to ...
غُرفة المَعيشة بِجَانب ...

My bedroom is above ...
غُرفَتي أعْلى ...

The bathroom is opposite ...
الحَمَّام في مُوَاجَهَة ...

See also sections:

17 HOUSEWORK *and* **23 MY ROOM**.

المَدينة 25
THE CITY

بَلْدة	town
مَدينة	big city
عَاصِمة	capital city
مَرْكَز المَدينة	city centre
ضَواحي	suburbs
أطْراف المَدينة	outskirts
حَيّ	district
مِنْطقة	area
مِنْطقة صِناعيّة	industrial area
حَيّ سَكَني	residential district
مَدينة قَديمة	old town
جُزْء جَديد من المَدينة	new (part of the) town
مُجَمَّع كُليّات	university campus
مِنْطقة فَقيرة	slum, run-down area
مُحيط	surroundings
شارع	**street**
طَريق	avenue
شارع تِجاري	shopping street
مِنْطقة للمُشاة	pedestrian precinct
شارع رَئيسي	main street
حَارة	narrow street, alleyway
زُقاق	cul-de-sac
طَريق دائِري	ring road

جادّة	boulevard
مِصباح شارِع	street map
مَجمُوعَة بِنايات	block of houses
مَيدان	square
وَسَط الشَّارِع	roadway
رَصيف	pavement
مَوقِف سيَّارات	car park
مَوقِف سيَّارات تحت الأرض	underground car park
نَفَق	subway, underpass
بالُوعَة	gutter
مَجارِي	sewers
مِصباح الشَّارِع	street lamp
مُتَنَزَّه	park
مَقابِر	cemetery
جِسر	bridge
كُوبري	bridge
مِيناء	harbour
مَطار	airport
مَحَطَّة سكك حديدية	railway station
مَحَطَّة مترو أنفاق	underground station
مَحَطَّة حافلات	bus station
مَوقِف سيَّارات أجرة	taxi rank
مُزْدَحِم	busy
حيوي	lively
مُزْدَحِم	overcrowded
مُلَوَّث	polluted
خَطير	dangerous

هادِئ	peaceful
نَظيف	clean
آمِن	safe

مَبانٍ **buildings**

مَبْنىً عام	public building
مَعْلَم	landmark
مَقَرّ مجلس المَدينة	town/city hall
مَحْكَمة	Law Courts
مَكْتَبة	library
قِسْم بُوليس	police station
مَحطة إطفاء	fire station
مَدْرَسة	school
مَدْرَسة ثانَوية	high school
جامِعة	university
سَكَن طُلاب	halls of residence
سِجْن	prison
مَصْنَع	factory
مُسْتَشْفى	hospital
دار مُسِنّين	old people's home
مَرْكَز فَنّي	community arts centre
دار أوبِرا	opera (house)
مَتْحَف	museum
مَعْرِض فُنُون	art gallery
قَلْعة	castle
قَصْر	palace
بُرْج	tower
ناطِحة سَحاب	skyscraper
كاتِدْرائية	cathedral
كَنيسة	church

بُرْج كَنيسة	church tower, steeple
دَيْر	abbey
مَعْبد	temple
كَنيسة صَغيرة	chapel
مَسْجد	mosque
جامع	mosque
مَعْبد يَهُودي	synagogue
آثار	monuments
تِمْثال	statue
نافُورة مِياه	fountain

النَّاس **people**

سُكَّان	inhabitants
سُكَّان المُدُن	city dwellers
مُواطنُون	citizens
جيران	neighbours
مُقيمُون	residents
مَحَليون	locals
مُهاجرُون	immigrants
مُشاة ، مارَّة	pedestrians
سائح	tourist
مُتَشَرِّد	tramp

تَجوُّلْنا في أنْحاء المدينة القديمة
we strolled around the old town

سُكَّان حَيّ هليوبوليس
those who live in the Heliopolis district

كُنْ حَذراً، هذه المنْطقة خطيرة
be careful, it's a rough area

كانت الشَّوارِع تَعُجّ بالمارَة
the streets were heaving

يَسْكُنون في البَلْدة
they live in town

يَسْكُنون بَعيداً جداً
they live in the middle of nowhere

 Homework help

I live in ...
أَسْكُنُ في ...

It's near ...
بِالقُرْب مِن ...

It's famous for ...
تَشْتَهِرُ ...

You should go to ...
يَجِبُ أن تَذهَب إلى ...

My town is big/small/pretty/ugly.
بَلْدَتي كبيرة / صَغيرة / جَميلة / قَبيحة.

See also sections:

18 SHOPPING, 22 EVENINGS OUT, 26 CARS, 44 PUBLIC TRANSPORT *and* **48 GEOGRAPHICAL TERMS.**

قادَ – يَقُودُ – القِيادة	to drive
أَبطأ – يُبطِئُ – الإبطاء	to slow down
كبَحَ – يكبَحُ – الكبح	to brake
أَسرَعَ – يُسرِعُ – الإسراع	to accelerate
غيَّرَ – يُغيِّرُ – تغيير السُّرعة	to change gear
توقَّف – يتوقَّف – التَّوقُّف	to stop
أوقَف – يُوقِف – إيقاف السَّيارة	to park
سبقَ – يسبِق – السَّبْق	to overtake
استدارَ – يستديرُ – الاستِدارة	to do a U-turn
شغَّل – يُشغِّل – تشغيل الضَّوء	to switch on one's lights
أَطفأ – يُطفئُ – إطفاء الضَّوء	to switch off one's lights
عبَرَ – يعبُرُ – العُبور	to cross, to go through
أفسَح – يُفسِح – الإفساح	to give way
لهُ حقّ المُرور	to have right of way
استعمل – يستعمِل – استعمال البُوق	to hoot
انزلق – ينزلِق – الانزلاق	to skid
جَرَّ – يجُرُّ – الجَرّ	to tow
أَصلَح – يُصلِح – الإصلاح	to repair
عطِل – يعطِل – العُطْل	to break down
نفَد – ينفَد – نفاد الوقود	to run out of petrol
ملأَ – يملأُ – ملء خزّان الوقود	to fill up
غيَّرَ – يُغيِّرُ – تغيير الإطار	to change a wheel
خالَف – يُخالِف – المُخالفة	to commit an offence
التزَم – يلتزِمُ – الالتزام بالسُّرعة	to keep to the speed limit

كَسَر – يَكسِر – كَسر الإشارة	to jump a red light
تَجاهَل – يَتَجاهَل – تَجاهُل إشارة الوُقُوف	to ignore a stop sign
أخَذ – يَأخُذ – أخَذ مُخالَفة سُرعة	to get a speeding ticket
أخَذ – يَأخُذ – أخَذ بِطاقة لِوُقُوف السَّيارة	to get a parking ticket

عَرَبات	**vehicles**
سَيَّارة	car
أوتوماتيكية	automatic
يَدوية	manual car
سَيَّارة قَديمة	old banger
سَيَّارة عائِلية	estate car
سَيَّارة فاخِرة	saloon
سَيَّارة سِباق	racing car
سَيَّارة رياضية	sports car
سَيَّارة ذات غِطاء قابِل للطَّي	convertible
سَيَّارة ذات دَفع ثُنائيّ	car with front-wheel drive
سَيَّارة ذات دَفع رُباعيّ	car with four-wheel drive
سَيَّارة ذات مَقود على اليَمين	right-hand drive
سَيَّارة ذات مَقود على اليَسار	left-hand drive
سَيَّارة تَعمَل بِالكَهرُباء والوَقود	hybrid car
ماركة	make
شاحِنة	lorry
سَيَّارة نَقل	lorry
شاحِنة بِمَقطورة	articulated lorry
سَيَّارة نَقل صَغيرة	van
شاحِنة لِجَرِّ السَّيَّارات المُعَطَّلة	tow truck, breakdown lorry
كارفان	camper van, caravan

قاطِرة	trailer
دَرَّاجة نارية ، بُخارية	motorbike
دَرَّاجة بمَحَرِّك	moped
سَريع	fast
بَطيء	slow

مُستَخدمو الطَّريق — road users

قائد سيَّارة	motorist
سائق	driver
شخص يتعَلَّم قيادة السَّيارة	learner driver
قائد سيَّارة سكران	drink driver
راكب	passenger
سائق شاحنة	lorry-driver
قائد دَرَّاجة نارية	motorcyclist
قائد دَرَّاجة	cyclist
مُسافِر أوتوستوب	hitch-hiker
مارّ	pedestrian

أجزاء السَّيَّارة — car parts

بدّال البنزين	accelerator
هوائي	aerial
مقعد أمامي / خلفي	front/back seat
شبِكة سَقف	roof rack
بطَّارية	battery
بُوق	horn
مُغيِّر سُرعات	gearbox
تدْفِئة	heating
كابِينة المُحرِّك	bonnet
هيكل السَّيارة	body

حِزَام أَمان	seat belt
خِزَّان	tank
غِطَاء مَعدَني لِلإطار	hub cap
دبرياج	clutch
مِصبَاح ضُوء الضَباب	fog lamp
أضواء السَيَّارَة	lights
مَكَابِح اليَدّ	handbrake
مَكَابِح	brakes
مِقيَاس الزَّيت / البَنزين	oil/petrol gauge
مَانِع الحَرَكَة	immobilizer
مُؤَشِّر	indicator
مَاسِح زُجَاج السَيَّارَة	windscreen wiper
ضُوء رَئِيسي	main beam
ضُوء خَافِت	dipped headlights
أضواء جَانِبِية	sidelights
حَقِيبة سَيَارَة	boot
لَوحَة أَرقَام	number plate
مُحرِّك سَيارَة	engine
إطار	tyre
ذِرَاع تغيير السُرعَة	gear lever
زُجَاج السَيَّارَة الأَمَامي	windscreen
مَانِع صَدَمَات	bumper
بَدَّال	pedal
قِطَع غِيَار	spare parts
أَضواء خَلفِية	rear lights
بَاب	door
مُبرِّد المُحرِّك	radiator
رَاديو السَيَّارَة	car radio
مِرآة الرُؤيَة الخَلفِية	(rearview) mirror
عَجَلَة	wheel

عجلة إحتياطية	spare wheel
جهاز الملاحة بالأقمار الصّناعية	satnav
تعليق	suspension
لوحة القيادة	dashboard
غطاء خزّان البنزين	petrol cap
عادم	exhaust
سُرعات	gears
رُجوع للخلف	reverse
سُرعة أُولى	first gear
سُرعة ثانية	second gear
سُرعة ثالثة	third gear
سُرعة رابعة	fourth gear
سُرعة خامسة	fifth gear
غير مُعشَّق	neutral
مُؤشِّر السُرعة	speedometer
نافذة	window
عجلة قيادة	steering wheel

بنزين	petrol
بنزين (بدون رصاص)	unleaded (petrol)
بنزين (أربعة نُجوم)	four-star (petrol)
وقود	fuel
ديزل	diesel
زيت	oil
مانع التَّجمُد	antifreeze

مُشكلات	**problems**
ورْشة	workshop
جراج	garage
محطة بنزين	petrol station

مَحَطَّة إصْلاح سَيَّارات	service station
مِضَخَّة بَنْزين	petrol pump
ميكانيكي سَيَّارات	car mechanic
تَأْمين	insurance
بوليصة تَأْمين	insurance policy
تَأْمين شامِل	comprehensive insurance
تَأْمين لِصالِح الغَيْر	third-party insurance
رُخْصة قِيادة	driving licence
دَرْس قِيادة سَيّارة	driving lesson
امْتِحان قِيادة سَيّارة	driving test
قانون الطُّرُق	Highway Code
سُرْعة	speed
تَخَطّي حَدّ السُّرْعة	speeding
كاميرا مُراقَبة السُّرْعة	speed camera
مُخالَفة	offence
بِطاقة وُقوف	parking ticket
عَلامة مَمْنوع الوُقوف	no-parking sign
اخْتِبار تَنَفُّس	breath test
إطار مُفْرَغ	flat tyre
عُطْل	breakdown
نُتوء	dent
ازْدِحام مُروري	traffic jam
تَحْويل مَسار	diversion
أشْغال طَريق	roadworks
رُؤْية	visibility
طُرُق	**roads**
طَريق	road
طَريق رَئيسي	main road
طَريق فَرْعي	B road

طريق سريع	motorway
خريطة طُرق	road map
شارع ذو اتجاه واحد	one-way street
علامة وُقوف	stop sign
مَعْبَر مُشاة	pedestrian crossing
انحناء	bend
طُرُق مُتقاطعة	crossroads
مُفترق طُرُق	junction
مُفترق طُرُق دائري	roundabout
حارة	lane
حارة مُخصّصة للحافلات	bus lane
حارة مُخصّصة للدّراجات	cycle lane
مُرور	traffic
إشارة مُرور	traffic lights
ضريبة	toll
علامة مُرور	road sign
شُرطي مُرور	traffic warden

اختر السُرعة الثّالثة!
go into third gear!

دَخلنا في طريق خطأ!
we've gone the wrong way!

سأمُرّ عليك في السّاعة الخامسة
I'll pick you up at 5 (o'clock)

ما ماركة هذه السّيّارة؟
what make is this car?

كانوا يقودُون بسُرعة ٥٠ ميلاً في السّاعة
they were doing 50 miles an hour

في بريطانيا، القيادة على اليسار
in Britain, they drive on the left

ركب معنا راكب أوتوستوب
we picked up a hitch-hiker

أَخَذْتُ غَرامَة
I got a fine

فَقَدَ رُخْصَة قِيادَته
he lost his driving licence

أَنتَ تَقُودُ السَّيَّارَة بِجُنُون!
you drive like a maniac!

See also section:

53 ACCIDENTS.

زَرَع – يَزرَعُ – الزِّراعة	to grow
أزهَرَ – يُزهِرُ – الازهَار	to flower, to blossom
تَفَتَّح – يتَفَتَّحُ – التَفَتُّح	to bloom
ذَبَل – يذبُلُ – الذُّبول	to wither
مات – يَمُوتُ – الموت	to die

ريف	**countryside**
الرِّيف	the country
حقْل	field
مَرج	meadow
غابة	wood
أرْض فضاء	clearing
سهْل	plain
نَجد	plateau
جبَل	mountain
تَل	hill
أرْض ذات أشجار خفيضة	scrub
صحراء	desert
غابة	jungle
دَغْل	jungle

نَباتات	**plants**
نبات	plant
شجَرة	tree
شُجيرة	shrub, bush

جَذْر	root
جِذْع	trunk
فَرْع	branch
بُرْعُم	bud
زَهْرَة	flower
زَهْرَة شَجَرَة مُثْمِرَة	blossom
وَرَقَة	leaf
لِحاء	bark
رَأْس الشَّجَرَة	treetop
جَوْزَة بَلُّوط	acorn
ثَمَرَة لُبِّيَّة	berry
طُحْلُب بَحْري	seaweed
خَلَنْج	heather
فُطْر (صالِح للأَكْل / سامّ)	(edible/poisonous) mushroom
سَرْخَس	ferns
عُشْب	grass
هَدال	mistletoe
بَهْشِيَه	holly
لَبْلاب	ivy
طَحالِب	weeds
طُحْلُب	moss
غاب	reed
شَبَنْدَر	clover

أَشْجار	**trees**
أَشْجار مُتَساقِطَة الأَوْراق	deciduous trees
أَشْجار دائِمَة الخُضْرَة	evergreen trees
شَجَرَة زان	beech
شَجَرَة بَتُولا	birch
شَجَرَة أَرْز	cedar

شَجَرة كَسْتَنَاء	chestnut tree
شَجَرة صَنَوْبَر	conifer
شَجَرة سَرْو	cypress
شَجَرة دَرْدَار	elm
شَجَرة تَنُّوب	fir tree
شَجَرة بَلُّوط	oak
نَخْلَة	palm tree
شَجَرة صَنَوْبَر	pine tree
شَجَرة صَفْصَاف	weeping willow

أَشْجَار فَاكِهَة — **fruit trees**

شَجَرة لَوْز	almond tree
شَجَرة تُفَّاح	apple tree
شَجَرة مِشْمِش	apricot tree
شَجَرة مَوْز	banana tree
تُوت أَسْوَد	blackberry bush
شَجَرة كَرَز	cherry tree
نَخْلَة تَمْر	date tree
شَجَرة تِين	fig tree
شَجَرة بُنْدُق	hazel
شَجَرة لِيمُون	lemon tree
شَجَرة زَيْتُون	olive tree
شَجَرة بُرْتُقَال	orange tree
شَجَرة خَوْخ	peach tree
شَجَرة كُمَّثْرَى	pear tree
شَجَرة بَرْقُوق	plum tree
تُوت عُلَّيْق	raspberry bush
التُوت أَحْمَر	redcurrant bush
فَرَاوْلَة	strawberry plant
شَجَرة جَوْز	walnut tree

أَزْهَار	**flowers**
أَزْهَار بَرِّيَة	wild flower
أَزْهَار بُستانِية	garden flower
جِذع	stem
وَرَقة	petal
حُبُوب لِقَاح	pollen
جُهَنَّمِية	bougainvillea
قُرُنْفُل	carnation
أَقْحُوان	chrysanthemum
نَرْجِس	daffodil
زَهْرَة الرَّبِيع	daisy
هِنْدَباء	dandelion
اِبْرَة الرَّاعِي	geranium
صَرِيمه الجَدْي	honeysuckle
يَاسَمِين	jasmine
بَنَفْسَج	lilac
زَنْبَق الوَادِي	lily of the valley
أُوركِيد	orchid
بَتُونِيا	petunia
خَشْخَاش	poppy
وَرْد	rose
تِيولِيب	tulip
بَنَفْسَج	violet
زَنْبَق	white lily

الأزْهار بدأت تَتَفَتَّحُ
the roses are just coming into blossom

أَشْجار الكَرْز مُتَفَتِّحة الأزْهار
the cherry trees are in full bloom

لِنَذهَب لِقَطْف أزْهار الرَّبيع / الفِطْر
let's go and pick daisies/mushrooms

See also sections:

28 ANIMALS, **29 ENVIRONMENT**, **47 AT THE SEASIDE** *and* **48 GEOGRAPHICAL TERMS**.

حَيوانات	animals
نَبَحَ – يَنبَحُ – النُّباح	to bark
ماءَ – يَموءُ – المُواء	to miaow
خَرخَرَ – يُخرخِر – الخَرخَرة	to purr
عَوى – يَعوي – العُواء	to growl
خارَ – يَخورُ – الخُوار	to moo
صَهَلَ – يَصهِلُ – الصَّهيل	to neigh
ثَغى – يَثغو – الثُّغاء	to bleat
نَخَرَ – يَنخُرُ – النَّخير	to grunt
صَرَّ – يَصُرُّ – الصَّرير	to squeak
غَرَّدَ – يُغَرِّدُ – التَّغريد	to twitter
قَرَقَ – يَقرِقُ – القَرق	to cluck
صاحَ – يَصيحُ – الصِّياح	to crow

أَنف	muzzle, snout
ذَيْل	tail
شَعْر	mane
خُرْطوم	trunk
ساق	leg
مَخالِب	claws
حافِر	hoof
قَدَم	paw
فَك	jaw
جَناح	wing
مِنقار	beak

رِيش	feathers

حيَوان ثَدْيي	mammal
حيَوان زاحف	reptile
حيَوان لاحم	carnivore
حيَوان عُشْبي	herbivore
حيَوان لاحم وعُشْبي	omnivore
حيَوان فقَاري	vertebrate
حيَوان لا فقَاري	invertebrate

بيْئَة	habitat
عُشّ	nest
جُحْر	burrow
حُفرة	hole
وجَار	kennel
قَفَص	cage
قَفَص خشبي	hutch
حوْض أسمَاك	aquarium

حيَوانات أليفَة	**pets**
كلْب	dog
كلْبَة	bitch
جرْو	puppy
قط	cat
أرْنَب	rabbit
خنْزير غينيا	guinea pig
هَامستر	hamster
جرْبُوع	gerbil
سمكة زينة	goldfish
سمكة استوائية	tropical fish

حَيَوانَات مَزْرَعَة	**farm animals**
حِصَان	horse
فَرَس	mare
مُهْر	foal
حِمَار	donkey
جَحْش	mule
بَقَرَة	cow
ثَوْر	bull
ثَوْر	ox
عِجْل	calf
خَروف	sheep
كَبْش	ram
حَمَل	lamb
مَاعِز	billy-goat
عَنْزَة	nanny-goat
خِنزير	pig
أُنْثَى الخِنزير	sow
دَجَاجَة	hen
ديك	cock
دِيك رُومي	turkey
بَطَّة	duck
إوَزَّة	goose
ذكر الإوَز	gander
كَتْكُوت	chick

حَيَوَانات بَرِّيَّة	**wild animals**
ظَبْي	antelope
سِنْجَاب	squirrel
حُوت	whale
جَامُوس	buffalo

جَمَل	camel
كَنْغَر	kangaroo
قُنْدُس	beaver
حِمَار وَحْشِي	zebra
شِمْبَانْزِي	chimpanzee
غَزَالة	doe
أَيِّل	stag
دُولْفِين	dolphin
فِيل	elephant
قُنْفُذ	hedgehog
كَلْب البَحْر	seal
غَزَال	gazelle
غُورِيلا	gorilla
فَرس النَّهْر	hippopotamus
خِنْزِير بَرِّي	wild boar
زَرَافة	**giraffe**
أَسَد	lion
لَبْوَة	lioness
فَهْد	leopard
أَرْنَب بَرِّي	hare
ذِئْب	wolf
قِرْد	monkey
أُورانجوتان	orang-utan
دُبّ	**bear**
دُبّ قُطْبي	polar bear
جِرْذ	rat
فَأْر	mouse
سَمَك القِرْش	shark
نَمِر	tiger
خُلْد	mole

سُلَحْفَاة	tortoise
ثَعْلَب	fox

زَوَاحِف **reptiles etc**

ثُعْبَان	snake
أَفْعَى	adder
أَصَلة	boa
كُوبرَا	cobra
ثُعْبَان رَمل	sand snake
ثُعْبَان مَاء	water snake
حَيَّة ذَات أَجْرَاس	rattlesnake
دُودَة	worm
ثُعْبَان السَّمَك	eel
تِمْسَاح	crocodile
سَمَكة	fish
أُخْطُبوط	octopus
ضِفْدَع	frog
أَبُو زُنَيبَة	toad
سَمَنْدل	newt
سَحْلية	lizard
دِينَاصُور	dinosaur

طُيُور **birds**

طَائِر	bird
طَائِر جَارِح	bird of prey
صَقْر	eagle
نَسْر	vulture
بُومَة	owl
صَقْر	falcon

نَعَامَة	ostrich
بَطْريق	penguin
مَالِك الحَزين	heron
بَلْشُون	heron
بَجَعة	swan
لَقْلَق	stork
نَوْرس	seagull
حمامة	dove, pigeon
تَدْرُج	pheasant
طَاووس	peacock
غُراب	crow
عقعق	magpie
وَقْواق	cuckoo
قَبُّرة	lark
سُنُونُو	swallow
عُصْفُور	sparrow
شُحْرُور	blackbird
حسّون القَشّ	chaffinch
عَنْدَليب	nightingale
بَبَّغَاء	parrot
طائر زينة	budgie
كنَاري	canary

حَشَرَات — insects

دَبُّور	wasp, hornet
نَحْلة	bee
نَحْلة كَبيرة	bumblebee
عَنْكبوت	spider
أم أربعة وأربعين	centipede
صُرْصُور	cockroach

نَمْلَة	ant
يَعْسُوب	dragonfly
يَرْقانَة	caterpillar
فَراشة	butterfly
دَعْسُوقة	ladybird
ذُبابَة	fly
بَعُوضَة	mosquito
بَرْغُوث	flea
جُنْدُب	grasshopper

Note

Nouns that refer to insects or birds can be either masculine or feminine, regardless of the gender of the creature they refer to. When the gender of the animal is relevant, it is usually indicated using the word ذكر (male) or أنثى (female) before the noun. For example:

بطريق
penguin *(m)*

أنثى البطريق	ذكر البطريق
female penguin	male penguin

For larger animals, the masculine form of the noun is generally used. However, sometimes two quite different words may exist for male and female animals, for example:

بقرة	ثور
cow *(f)*	bull
ناقة	جمل
camel *(f)*	camel *(m)*

If no special word exists for the female animal, it can be described using either the feminine suffix **tā' marbūta** (ة), as in نمرة (tigress), or with the word أنثى (female) before the masculine noun, for example أنثى النمر (tigress).

See also sections:

27 NATURE *and* **29 THE ENVIRONMENT**.

لَوَّثَ – يُلَوِّثُ – التَّلْويث	to pollute
دَمَّرَ – يُدَمِّرُ – التَّدْمير	to destroy
قَطَعَ – يَقْطَعُ – القَطْع	to cut down
حَرَقَ – يَحْرِقُ – الحَرْق	to burn
أذابَ – يُذيبُ – الإذابة	to melt
رَمى – يَرْمي – الرَّمي	to throw away
أعادَ تَصْنيع – يُعيدُ تَصْنيع – إعادة تَصْنيع	to recycle
أعادَ اسْتِخْدام – يُعيدُ اسْتِخْدام – إعادة اسْتِخْدام	to reuse
اهتَمَّ بالبيئَة – يَهتَمُّ بالبيئَة – الاهتِمام بالبيئَة	to be green
أعادَ – يُعيدُ – إعادة تَصْنيع القُمامة	to sort one's rubbish
بيئَة	environment
غابة مُمْطِرة	rainforest
قمَّة جَليدية	ice cap
نِظام بيئي	ecosystem
طَبَقة الأوزون	ozone layer
مُحافظ على البيئة	conservationist
مُهتَمّ بالبيئة	green
مُناضل من أجل البيئة	environmental campaginer
جَماعَة بيئية	environmental group
جَماعَة ضَغْط	pressure group

ناشِط	activist
مُناضِل من أجْل البيئة	ecowarrior

مُشكلات — problems

تلوُّث	pollution
كارثة بيئية	environmental disaster
كارثة نووية	nuclear disaster
أمْطار حمْضية	acid rain
ضباب دُخاني	smog
تسرُّب نفْطي	oil spill
إزالة الغابات	deforestation
حريق غابات	forest fire
ظاهرة الصَّوْبة الزُّجاجية	greenhouse effect
غازات الاحتباس الحَراري	greenhouse gases
مُناخ	climate
تغيُّر مُناخي	climate change
ظاهرة الاحترار العالَمي	global warming
انبعاثات كرْبُونية	carbon emissions
وقُود حفْري	fossil fuels
مُخلَّفات سامَّة	toxic waste
مكان التَّخلُّص من القُمامة	landfill site
غازٍ مضْغوط	aerosol
مُركَّبات الكلوروفلوروكربون	CFCs
مُضادَّات الآفات	pesticide
كائنات مُهدَّدة بالانقراض	endangered species

حُلول — solutions

إعادة تصْنيع	recycling
بنْك زُجاجات	bottle bank
الحفاظ على البيئة	conservation

organic farming	زِرَاعَة عُضْوِيَة
wind farm	مَرْكَز إِنْتَاج طَاقَة الرِّيَاح
solar power	طَاقَة شَمْسِيَة
solar panels	أَلْوَاح شَمْسِيَة
unleaded petrol	بَنْزِين خَالٍ مِن الرَّصَاص

أنا مُهْتَمّ بِالمَوْضُوعَات البِيئِيَة
I'm very interested in green issues

نَحْتَاج إلى تَقْلِيل الانْبِعَاثَات الكَرْبُونِيَة
we need to cut carbon emissions

الإِنْسَان يُدَمِّر كَوْكَب الأَرْض
Man is destroying the planet

Homework help

Many people are concerned about ...	climate change.
الكَثِيرُ من النَّاس يَقْلَقُون من ...	التَّغَيُّرَات المُنَاخِيَة.

	the greenhouse effect.
	ظَاهِرَة الصَّوْبَة الزُّجَاجِيَة

	the destruction of the rainforests.
	تَدْمِير الغَابَات المَطِيرَة المُمْطِرَة.

	pollution.
	التَّلَوُّث.

	nuclear power.
	الطَّاقَة النَّوَوِيَة.

We need to ...
نَحْتاجُ إلى ...

save the planet.
إنْقاذ كوكَبِنا.

save energy.
توفير الطّاقة.

find renewable energy sources.
إيجاد مَصادِر مُتَجَدِّدة للطّاقَة.

protect wildlife.
حماية الحياة البَرِّية.

cut pollution.
تقليل التَّلَوُّث.

People should ...
يجب على النّاس ...

sort their rubbish.
إعادة تَصْنيع القُمامة.

recycle more.
زيادة إعادة التَّصْنيع

turn out the lights to save energy.
إطفاء الأنْوار لتوفير الطّاقة.

drive smaller cars.
قيادة سيّارات أصغر.

take fewer flights.
تقليل السَّفَر بالطّائرات.

eat organic food.
أكْل الغِذاء العُضوي.

Otherwise ...
وإلا...

we will run out of fuel.
سَيَنفَذ الوَقُود.

animals will become extinct.
ستنْدثِر الحيوانات.

there will be floods/droughts.

سَتَحدُثُ فَيَضانات / جَفاف.

people will get ill/die.

سَيَمرَض / سَيَموتُ النّاس.

See also sections:

27 NATURE, **34 TOPICAL ISSUES** *and* **48 GEOGRAPHICAL TERMS**.

أمطرت – تُمطرُ – المطر	to rain
انهمر – ينهمرُ – انهمار المطر	to be pouring with rain
أمطرت رذاذاً – تُمطر رذاذاً – الرَّذاذ	to drizzle
أثلجت – تُثلجُ – الثَّلج	to snow
أمطرت برداً – تمطر برداً – البرد	to hail
تجمَّدَ – يتجمَّدُ – التَّجمُّدُ	to be freezing
أضبّت – تضبُّ – الإضباب	to be foggy, to be misty
أشرقت – تُشرقُ – الإشراق	to shine
ذابَ – يذوبُ – الذَّوبان	to melt
ساءَ – يسوءُ – السُّوء	to get worse
تحسَّن – يتحسَّنُ – التَّحسُّن	to improve
تغيَّرَ – يتغيَّرُ – التَّغيُّر	to change

مُلبَّد بالغُيوم	overcast
غائم	cloudy
صحْو	clear
ضبابي	foggy
مع شُبورة	misty
مُشْمس	sunny
عاصف	stormy

جافّ	dry
دافئ	warm
حارّ	hot
رطْب	humid

بَارِد	cold
بَارِد بَعض الشَّيء	cool
مُعتَدِل	mild
جَمِيل	pleasant
رَدِيء	awful
مُتَقَلِّب	changeable

فِي الشَّمس	in the sun
فِي الظَّل	in the shade

مُنَاخ	weather
حَرَارَة	temperature
التَّنبوّات الجَوية	weather forecast
مُقَدِّم النَّشرة الجَوية	weather man/girl
المُنَاخ	climate
الغِلَاف الجَوي	atmosphere
تَحَسُّن	improvement
سُوء	worsening
ترمومتر	thermometer
دَرَجَات	degrees
بارومتر	barometer
سَمَاء	sky

مَطَر	**rain**
رُطوبَة	humidity, dampness
قَطرَة مَطَر	raindrop
بِركة	puddle
سَحَاب	cloud
زَخَّة	shower, downpour
زَخَّة مُفَاجِئَة	sudden shower

رَذاذ	drizzle
ضَباب	fog
شَبُورة	mist
بَرَد	hail
فَيَضان	flood

عاصِفة رَعْدية	thunderstorm
رَعْد	thunder
بَرْق	lightning
قَوْس قَزَح	rainbow

طَقْس بارِد cold weather

ثَلج / جَليد	snow
رُقاقة ثَلجية	snowflake
انْهِيار جَليدي	avalanche
كُرة ثَلجيَّة	snowball
مِحْراث جَليدي	snowplough
رَجُل ثَلْج	snowman
مَطَر مُثْلِج	sleet
صَقيع	frost
ذَوَبان	thaw
ثَلْج	ice
نَدى	dew

جَوّ جَيِّد good weather

شَمْس	sun
شُعاع شَمْس	ray of sunshine
حَرارة	heat
مَوْجة حارّة	heatwave
جَفاف	drought

wind	رِياح
draught	تَيَّار
gust of wind	عَصفة
breeze	نَسيم
hurricane	إعْصار
storm	عاصفة
cyclone	إعْصار

الطَّقس جيّد / رَديء
the weather is good/bad

مَا التَّنبوّات الجوية لنهَاية الأُسْبوع ؟
what's the forecast for the weekend?

دَرَجة الحَرَارة ثلاثُون دَرَجة في الظّل
the temperature is 30° in the shade

الجو مُشمس / حَارّ / بَارد
it's sunny/hot/cold

إنه يَوْم رائع
it's a glorious day

السَّمَاء تُمْطِر(بغزَارة)
it's raining (cats and dogs)

أنا أتَصبَّبُ عَرقاً
I'm really hot

الرِّياح تَهُبُّ
the wind's blowing

مَا هذَا! الطَّقس الرَّديء؟
what awful weather!

المَطر غَزير
it's pouring

الجو بَارِدٌ لدَرَجَة التَّجمُّد
it's freezing cold

الأُسرَة	the family
قرب – يقرُب – القَرابة	to be related to
تزوَّج – يتزوَّج – الزَّواج	to get married (to)
خطَب – يخطُب – الخِطبة	to get engaged (to)
أنجَب – يُنجِب – الإنجاب	to have children
كوَّن – يُكوِّن – تكوين أسرة	to start a family
تبنَّى – يتبنَّى – التَّبنِّي	to adopt
تيتَّم – يتيتَّم – التَّيتُّم	to be an orphan

قَرابة ، قريب	relation, relative
والدان ، أَبوان	parents
والِدة ، أُمّ	mother
والِد ، أَبّ	father
ماما	mum
بابا	dad
زوجَة أَبّ	stepmother
زوج أُمّ	stepfather
أبناء	children
ولد	little boy
بِنت	little girl
طِفل	baby
ابْنة ، بِنت	daughter
ابْن	son
ابْن بالتَّبنِّي	adopted son
ابْنة بالتَّبنِّي	adopted daughter

ابْنَة الزَّوج ، ابْنَة الزَّوجة	stepdaughter
إبْن الزَّوج ، ابْن الزَّوجة	stepson
أُخت	sister
أَخ	brother
أَخ توأم	twin brother
أَخ من الأَبَ ، أَخ من الأُم	stepbrother
جَدّ	grandfather
جَدَّة	grandmother
أَجْداد	grandparents
أَحْفاد	grandchildren
حفيدة	granddaughter
حفيد	grandson
والِدة الجَدّ ، والِدة الجَدَّة	great-grandmother
والِد الجَدّ ، والِد الجَدَّة	great-grandfather
زوجة	wife
زوج	husband
خطيب(ة)	fiancé(e)
صاحِب(ة)	partner
زوْجان	couple
حَماة	mother-in-law
حَمُو	father-in-law
أقارِب الزَّوج ، أقارِب الزَّوجة	in-laws
زوْجة الابْن	daughter-in-law
زوْج الابْنة	son-in-law
أخو الزَّوج ، أخو الزَّوجة	brother-in-law
أخت الزَّوج ، أخت الزَّوجة	sister-in-law
عَمَّة	aunt *(on father's side)*
خالة	aunt *(on mother's side)*
عَمّ	uncle *(on father's side)*
خال	uncle *(on mother's side)*

ابْن عَم/ابْن خال / ابْن عَمّة/ابْن خالة	cousin *(male)*
ابْنة عَمّ/ ابْنة خال / ابْنة عَمّة/ ابْنة خالة	cousin *(female)*
ابْنة أَخ	niece
ابْنة أخت	niece
ابْن أَخ	nephew
ابْن أخت	nephew
أُمّ روحيّة	godmother
أَب روحي	godfather
ابْنة روحيّة	goddaughter
ابْن روحي	godson

أصدقاء	**friends**
صديق	friend
زميل	mate, pal
صداقة	friendship
أعَزّ صديق	best friend
صاحب	boyfriend
صاحبة	girlfriend
جارَ	neighbour

هَل لك إخوة / أخوات؟
have you got any brothers and sisters?

أنا ابْن وحيد / ابْنة وحيدة
I'm an only child

أنا الأكْبر / الأصْغر
I'm the oldest/youngest

أخي الأكْبر عُمرُه سبْع عشْرة سنة
my big brother is 17

يَجِبُ أَنْ أَهْتَمَّ بِأُخْتِي الصَّغِيرَة
I have to look after my little sister

لَهُم أَقارِب في كَندا
they have relatives in Canada

عَمَّتي نادِيَة وابن عَمَّتي نادِر
aunt Nadia and cousin Nader

سامِية هي أَعَزُّ صَديقاتي
Samia is her best friend

هو صَديقي
he's a friend of mine

أَقارِبُ زَوْجي سَيُصيبونَني بِالجُنون!
my in-laws are really annoying me!

Inf أَوْلادُهُم لُطاف جِدّاً
their kids are really cute

Note

★ The English term 'cousin' corresponds to eight different terms in Arabic that distinguish the gender of the cousin and the uncle or aunt to whom they are related. For example, ابْن عَمَ (cousin) is the son of a paternal uncle and ابْن عَمَّة (cousin) is the daughter of a paternal uncle.

★ 'Boyfriend' and 'girlfriend' do not have exact equivalents in Arabic. They are translated into Arabic as صاحِب (*m*) and صاحِبة (*f*) meaning 'friend'.

See also section:

8 IDENTITY AND AGE.

المَدْرَسَة والتَّعْليم 32
SCHOOL AND EDUCATION

ذهب – يذهَب – الذَّهاب للمدرسة	to go to school
أخذ – يأخُذ – أخذ الغياب	to take the register
درس – يدرُس – الدِّراسة	**to study**
تعلَّم – يتعلَّم – التَّعلُّم	to learn
حفظ – يحفَظ – الحفظ	to learn by heart
عمل – يعمَل – عمل الواجب	to do one's homework
سأل – يسأل – السُّؤال	to ask
أجاب – يُجيب – الإجابة	to answer
رفع – يرفَع – رفع اليد	to put one's hand up
ذهب – يذهَب – الذَّهاب للسَّبورة	to go to the blackboard
عرف – يعرِف – المَعرِفة	to know
راجع – يُراجِع – المُراجعة	to revise
امتحَن – يمتحِن – الامتحان	to examine
حضَر – يحضُر – حُضور امتحان	to sit an exam
نجح – ينجَح – النَّجاح	to pass
رسب – يرسُب – الرُّسوب	to fail
أعاد – يُعيد – إعادة السَّنة	to repeat a year
تهرَّب – يتهرَّب – التَّهرُّب من المدرسة	to play truant
تغيَّب – يتغيَّب – التَّغيُّب عن الصَّفّ	to skip a class
عاقب – يُعاقِب – العقاب	to punish
فصَل – يفصِل – الفصل	to expel; to suspend
فُصِل – يُفصَل – الفصل	to be expelled
أوقف – يُوقِف – الإيقاف عن الدِّراسة	to be suspended
حُبِس – يُحبَس – الحبس	to get detention

غائب	absent
حاضِر	present
ذَكيّ	intelligent
مُجِدّ	diligent, hardworking
مُجْتَهِد	hardworking
مُواظِب	studious
مُهْمِل	inattentive
غَيْر مُنْضَبِط	undisciplined
شَقيّ	naughty
مَحْبوب	popular

حَضانة ، رَوْضة	nursery school
مَدْرَسة ابتِدائِيّة	primary school
مَدْرَسة ثانَوِيّة	secondary school
كُلِّيّة تِقْنِيّة	technical college
كُلِّيّة سِكرْتاريّة	secretarial college
مَدْرَسة خاصّة	private school
مَدْرَسة داخِليّة	boarding school
جامِعة	university
مَدْرَسة حُكومِيّة	state school
جامِعة للدِّراسة عن بُعْد	distance-learning university

تَعْليم حُكومي	state education
تَعْليم خاصّ	private education
دُروس خاصّة	private tuition
دُروس مَسائِيّة	night school/classes

في المَدْرَسة	**at school**
فَصْل	classroom
مَكْتَب النّاظِر	headteacher's office

غُرفة المُدَرِّسين	staff room
مَكتبة	library
مَعْمَل	laboratory
مَعْمَل لُغات	language lab
مَرْكَز مِهَن	careers centre
مَلعَب رياضي	gym
عِيادة	infirmary
مَلعَب	playground
مَقصَف	canteen

مكتب	desk
مكتب الأُستاذ	teacher's desk
سَبُّورة	blackboard
طَباشير	chalk
مِمسَحة سَبُّورة	duster
إسفَنْجة	sponge
سَبُّورة بَيْضاء	whiteboard
سَبُّورة تَفاعُلية	interactive whiteboard
جِهاز عَرض	overhead projector
شَريحة جِهاز عَرض	OHP slide

حَقيبة مدرسة	school-bag
حَقيبة أَلْعاب	sports bag
كتاب	book
كتاب مَدْرسي	textbook
مُعْجَم	dictionary
قامُوس	dictionary
مِقلَمة	pencilcase
قَلم جافّ	ballpoint pen, biro
حِبْر	ink

قَلَم حِبْر	(fountain) pen
قَلَم رَصاص	pencil
وَرَقة	paper
قَلَم فلوماستر	felt-tip pen
بَرّاية	pencil sharpener
مَحّاية	rubber
مِسْطَرة	ruler
فِرْجار	pair of compasses
مُثَلّث	set-square
مِقْياس زَوايا	protractor
آلَة حاسِبة	pocket calculator

أَدَوات الأَلْعاب	gym kit
جُمْباز	gymnastics
حَلَقات	rings
المُتَوازِيان	parallel bars
حِصان الحَلَق	horse
ترامبولين	trampoline
مَرْتَبة	mattress
بِساط	mat
مَلْعَب	playing field

مُدَرِّسون وتَلاميذ	**teachers and pupils**
مُدَرِّس	teacher
مُدَرِّس إبْتِدائي	primary school teacher
مُدَرِّس أَوَّل	head of department
مُعَلِّم	tutor
مُدَرِّس احْتِياطي	supply teacher
ناظِر	headmaster
ناظِرة	headmistress

مُدرّس لُغة إنْجليزية	English teacher
مُدرّس رياضيّات	maths teacher
مُوَجِّه	inspector
مُسْتشار مِهَني	careers advisor
مُمَرّضة	**nurse**
أخصّائي اجتِماعي	counsellor
سكرتير المَدرسة	school secretary

تِلْميذ	**pupil**
طالِب	**student**
تِلْميذ داخِلي	boarder
تِلْميذ يُعيد السَّنة	pupil repeating a year
التِّلميذ المُفضّل لدى الأُسْتاذ	teacher's pet
تِلْميذ مُتنمِّر	bully
زَميل	classmate

الـعامُ الـدّراسي — **the school year**

فَصْل دراسي	term
جَدْوَل	timetable
مادّة	subject
درْس	lesson
حصّة	class, period
حصّة رياضيّات	maths class
درْس خُصوصي	private tuition
حصّة فَراغ	free period

جَمْع	sum
جبْر	algebra
حِساب	arithmetic
هنْدسة	geometry

حِساب مُثَلَّثَات	trigonometry
جَمْع	addition
طَرْح	subtraction
ضَرْب	multiplication
قِسْمَة	division
مُعَادَلَة	equation
دائِرَة	circle
مُثَلَّث	triangle
مُرَبَّع	square
مُسْتَطيل	rectangle
زاوِيَة	angle
زاوية قائِمَة	right angle
حَجْم	volume
مُكَعَّب	cube
قُطْر	diameter
تاريخ	history
جُغْرافيا	geography
عُلوم	science
أَحْياء	biology
كيمْياء	chemistry
فيزْياء	physics
مَعْلومَات وتِكْنُولوجيا	IT
عِلْم نَفْس	psychology
فَلْسَفَة	philosophy
عِلْم اجتِماع	sociology
عُلوم تِجارِيَة	business studies
قانون	law
لُغَات	languages

لُغات حيَّة	modern languages
العربيَّة	Arabic
الانْجليزية	English
الفَرنسية	French
الإسْبانية	Spanish
الأَلْمانية	German
الصِّينية	Chinese
اللاتينية	Latin
اليُونَانية	Greek
مُفْردات	vocabulary
قواعد	grammar
نَحْو	grammar
تصريفات أفعال	conjugation
هجاء	spelling
قراءة	reading
كتابة	writing
مَقال	essay
إنْشاء	essay writing
تَرْجَمة	translation
أَدب	literature
رواية	novel
مَسْرحية	play
قصيدة	poem
قصَّة قصيرة	short story
مُوسيقى	music
رسْم	drawing
تربية فنِّية	CDT, crafts
حرف	crafts
تدبير منزْلي	home economics

دراما	drama
تربية دينية	religious education
أَلْعَاب	PE
تَدْريب	exercise
اخْتِبار	test
مَسْأَلَة	problem; sum
سُؤَال	question
إجابة	answer
اخْتِبار شَفَوي / تَحْريري	oral/written test
امْتِحَان	exam
واجِب	homework
أَعْمَال السَّنَة	coursework
مَشْرُوع	project
تَقْديم	presentation
دَرَجَة جَيِّدَة / سَيِّئَة	good/bad mark
نَتِيجَة	result
دَرَجَة نَجاح	pass mark
خَطَأ	mistake
تَقْرير	report
شَهادة	certificate
دِبْلوما	diploma
نِظَام	discipline
عِقَاب	punishment
جَائِزَة	prize
فُسْحَة	break
جَرَس	bell

غَداء	lunch
وَقْت الانصِراف	hometime
أنشِطة بَعد المَدرسة	after-school activities
رِحلة مَدرسيَّة	school trip
زِيارة تَبادُل	exchange visit
إجازة مَدرسيَّة	school holidays
إجازة عيد الفِصح	Easter holidays
إجازة عيد المِيلاد	Christmas holidays
إجازة الصَّيْف	summer holidays
بِداية السَّنة الدِّراسية	beginning of school year

جامِعة	**university**
طالِب	student
طالِب جامِعي	undergraduate
مُتخَرِّج	graduate
طالِب دِراسات عُليا	postgraduate
مُحاضِر (جامِعي)	(university) lecturer
أُستاذ	professor
مُدرِّس	tutor

قِسْم	department
مُحاضَرة	lecture
دَرْس عملي	tutorial
سمينار	seminar
قاعة مُحاضَرات	lecture theatre
سَكَن طُلاب	hall of residence
اتِّحاد طَلَبة	students' union

بَحث عِلْمي	dissertation
رِسالة عِلمية	thesis

دَرَجة	degree
ماجستير	masters
دُكتوراه	PhD
دبلوما	diploma
تَخَرُّج	graduation
سَنة سِياحِيَّة	gap year

زُوَّغنا من دَرْس الفيزياء **Inf**
we bunked off physics

الجَرَس ضَرَب
the bell has gone

هو يَدْرُسُ / هي تَدْرُسُ القانون في الجامِعة
he's/she's studying law at university

عِنْدنا حِصَّتا رياضيَّات اليوم
we have double maths today

عِندي شَهادَة عُليا في إِدارَة الأَعْمال
I've got a postgraduate qualification in management

أَصابَني المَلَل الشَّديد في حِصَّة التَّاريخ
I was so bored in that history class

 Homework help

My favourite subject is ...
المَادَة المُفَضَّلة بالنِّسبَة لي هي ...

My least favourite subject is ...
المَادَة الغَير المُفَضَّلة بالنِّسبَة لي هي ...

When I finish school I want to ...   go to university.
عِندمَا أَنتَهي من المَدرَسة   أدخُل الجَامِعة.
أُريدُ أَن ...

study to be a doctor/lawyer.

أدرس لأصبح طبيباً / مُحامياً.

train as a hairdresser.

أتَدَرَّب لأصبح كَوافير.

get a good job.

أحصُل على عمل جيِّد.

go travelling.

أُسافِر.

I think ... أعتقد أنَّ ...	it's important to study languages/history/ maths. مِن الضَّروري دِراسة اللُّغات / التَّاريخ / الرِّياضِيَّات. we have too much homework/too many exams. لَدينا الكثير من الواجبات / الامتحانات. we should do more ... at school. يَجب أن نعمَل ... أكثر في المَدرَسة. we do too much ... at school. لَدينا الكثير من ... في المدرسة. we should have nicer/healthier school dinners. يَجب أن يكُون لَدينا وَجبات أفضل / صحِّيَّة أكثَر في المَدرَسة. we need to stop bullying in schools. يَجب أن نُوقف العُنف بين التَّلاميذ في المَدارس.
However, ... ولكِن ...	going to university is expensive. دُخول الجَامعة مُكلِّف للغاية. some people find studying boring/difficult. بعض النَّاس يجدُون الدِّراسة مُملَّة / صَعبة.

it will be useful in the future.

هذا سَيَكُون مُفيداً في المُستقبَل.

See also section:

9 JOBS AND WORK.

اشترى – يشتري – الشِّراء	to buy
باع – يبيع – البيع	to sell
أنفق – يُنفق – الإنفاق	to spend
اقترض – يقترض – الاقتراض	to borrow
أقرض – يُقرض – الإقراض	to lend
دفع – يدفع – الدَّفع	to pay
دفع – يدفع – الدَّفع نقداً	to pay cash
دفع – يدفع – الدَّفع بشيك	to pay by cheque
غيَّر – يُغيِّر – تغيير العُملة	to change, to exchange
دفع – يدفع – الدَّفع بالتَّقسيط	to pay in instalments
حوَّل – يحوِّل – تحويل نقود	to transfer money
سحب – يسحب – سحب نقود	to withdraw money
أودع – يودع – إيداع نقود	to pay in money
ادَّخر – يدَّخر – ادِّخار نقود	to save money
فتح – يفتح – فتح حساب	to do one's accounts
سحب – يسحب – سحب بدون رصيد	to be overdrawn
أفلس – يُفلس – إفلاس	to go bankrupt
سدَّد – يُسدِّد – تسديد دين	to pay off a debt
ذو رصيد	to be in credit
مدين	to be in debt
غني	rich
ثري	loaded
فقير	poor
مليونير	millionaire

نُقُود	money
عُمْلَة وَرقيَّة	banknote
عُمْلَة مَعدنيَّة	coin
مِحْفَظَة	purse
حَافِظَة	wallet
مُدَّخَرات	savings
حَصَّالة	moneybox
مَصرُوف	pocket money
بَدَل	allowance
مَصرِف	bank
صِنَاعَة مَصرِفيَّة	banking
تَعَامُلات مَصرِفيَّة بالإنترنت	online banking
كاشير	till, cashdesk
شُبَّاك مُوظَّف البَنك	counter
مَاكينة صَرف آلي	cash dispenser
حِساب مَصرِفي أو بَنكي	bank account
حِساب جَار	current account
حِساب ادّخار	savings account
حِساب عَالي الفَائِدة	high-interest account
سَحْب	withdrawal
تَحْويل	transfer
إيداع	deposit
بِطاقة ائتمَان	credit card
بِطاقة مَصرِفيَّة	debit card
دَفتر شيكات	chequebook
شيك	cheque
شيك سِياحي	traveller's cheque
دَفتر توفير	savings book

كَشْف حِساب	statement
ائتمان	credit
دَيْن	debt
سَحْب زائد	overdraft
قَرْض	loan
استثمار	investment
فائِدة	interest
بُورْصة	Stock Exchange
سَهْم	share
تَضَخُّم	inflation
ضَريبة مَبيعات	VAT
عُمْلة	currency
يورو	euro
ورقة من فئة عشرة جُنيهات	10-pound note
جُنيه استرليني	pound sterling
بِنْس	penny
دولار	dollar
مَكتب صَرافة	bureau de change
عُمولة	commission

أُريد تَغيير ٢٠٠ يورو إلى الجُنيه الاسترليني
I'd like to change 200 euros into pounds

هل يُمكِنُني الدَّفع ببطاقة ائتمان ؟
can I pay by credit card?

هل يُمكنُكَ أن تُقرِضَني ٢٠ يورو؟
could you lend me 20 euros?

أقرَضَني ٣٠ يورو
he lent me 30 euros

حَوَّلتُ النُّقود إلى حَسابي المَصرِفي
I transferred the money to my bank account

أنا مُفلِس
I'm broke

يَاللسَّرِقَة!
what a rip-off!

شقَّتُهُم كلَّفَتهُم كل ما يَملِكون
their flat cost an arm and a leg

كم هو بَخيل!
he's so stingy!

 ## Homework help

These days people ...
في هَذه الأيَّام، النَّاس ...

spend too much on credit cards.
يُنفِقون الكَثير ببِطاقَات الائتِمان.

get into debt easily.
يَقتَرِضون بِسُهولة.

do their banking online.
يَقومون بتَعامُلاتِهم المَصرِفيَّة على الإنترنت.

I'm worried about ...
أنا قَلِق مِن ...

getting into debt.
الاقتِراض.

not having enough money.
ألّا يَكون لدَي المَال الكَافي.

my bank details being stolen.
سَرِقة بَياناتي المَصرِفيَّة.

It annoys me ...
يُضايِقُني ...

that I can't afford the things I want.
أنَّني لا أملِك المَال الكَافي لشِراء ما أريد.

that clothes/video games are so
expensive.

أنَّ المَلابِس / ألعاب الكُمبيوتر غالية جداً.

I need to ...
أحتاجُ أن ...

get a weekend job.

أحصُل عَلَى وَظيفة يَوم العُطلة.

find a well-paid job.

أجد وظيفة براتب جيِّد.

save money.

أوَفِّر النُّقود.

learn how to budget.

أتعلَّم التَّوفير.

See also sections:

9 JOBS AND WORK *and* **18 SHOPPING**.

نَاقَشَ – يُنَاقِشُ – النِّقَاش	to discuss
جادَلَ – يُجَادِلُ – الجِدَال	to argue (about)
نَاظَرَ – يُنَاظِرُ – المُنَاظَرة	to debate
انتَقَدَ – ينتَقِد – النَّقْد	to criticize
احْتَجَّ – يحتَجُّ – الاحتِجَاج	to protest
دَافَعَ – يُدَافِع – الدِّفَاع	to defend
نَاصَرَ – يُنَاصِرُ – المُنَاصَرة	to be for
عَارَضَ – يُعارِضُ – المُعَارَضة	to be against
اقتَرَحَ – يقتَرِحُ – الاقتِراح	to suggest
أصَرَّ – يُصِرُّ – الإصْرار	to insist
أقنَعَ – يُقنِعُ – الإقناع	to persuade
غيَّرَ رَأيَه – يُغيِّرُ رَأيَه – تَغيِير رَأيه	to change one's mind

غيْر مُتَسامِح	intolerant
مُتَفتِّح	broad-minded

مَوْقِف	attitude
عَقِيدة	belief
مُشْكِلة	problem
جِدَال	argument
مُظاهَرة	demonstration
مَسِيرة	march
تَجمُّع	rally
شَغَب	riot

حَرْب	war
سلام	peace
عَمَلِيَّة سلام	peace process
حُلَفاء	allies
عُنْف	violence
تَطَرُّف	extremism
إرْهاب	terrorism
إرْهابي	terrorist
انْتِحاري	suicide bomber
تَفْجير انْتِحاري	suicide bombing
هُجوم إرْهابي	terrorist attack
تَفْجير	bombing
أسْلِحة نَوَوِيَّة	nuclear weapons
نَزْع السِّلاح	disarmament
قُوَّة عُظْمى	superpower
الشَّرْق الأوْسَط	the Middle East

طاقة نَوَوِيَّة	nuclear power
مَحَطَّة طاقة نَوَوِيَّة	nuclear power station
تَجارِب نَوَوِيَّة	nuclear testing
طاقة مُتَجَدِّدة	renewable energy
تَنْمِية مُسْتدامة	sustainable development
البِيئَة	the environment
عِلْم البِيئَة	ecology
العَوْلَمة	globalization

مَجاعة	starvation
جَفاف	drought
فَقْر	poverty
عَوَز	destitution

بَطالة	unemployment
تَشَرُّد	homelessness
إعانات	benefits
أعمال خَيريَة	charity
مِنطقة مَحْرومة	deprived area
إسْكان حُكومِي	council housing
عُنف مَنْزِلي	domestic violence
هُجوم	attack
اعتداء	assault
تَحَرُّش جِنسي	sexual harassment
إساءة	abuse
تَحَرُّش	bullying
إساءة مُعامَلة الأطْفال	child abuse
اعتداء جِنْسي	sexual abuse
مُتحَرِّش بالأطْفال	paedophile
حَمْل المُراهِقين	teenage pregnancy
مَنْع الحَمْل	contraception
إجْهاض	abortion
ضَغط الزُمَلاء	peer pressure
تَهْريب البَشَر	people trafficking
دَعارة	prostitution
استغلال العَمالَة	sweatshop
عَمالَة الأطْفال	child labour
تِجارة السِلاح	arms trade
ألْماس من مَناطِق حُروب	conflict diamonds
تِجارة عادِلة	fair trade
مُساواة في الحُقوق	equal rights

تَمْييز	discrimination
الحَرَكة النَسائِية	feminism
نِسائي	feminist
تَمْييز جِنْسي	sexism
مِثْلِية جِنْسِية	homosexuality
لُوطي	gay man
سُحاقِيَّة	lesbian
حُقوق المِثْلِيين	gay rights
زواج مدني	civil partnership
الإيدز	AIDS
عُنْصُرِيَّة	racism
تَمْييز عِرْقي	racial discrimination
إعاقة	disability
مُعاقون	disabled people
هِجْرة	immigration
اندماج	integration
حَيّ الأقلِيَّات	ghetto
قَمْع	oppression
حُقوق الإنْسان	human rights
دكتاتورية	dictatorship
تَعْذيب	torture
اضْطهاد	persecution
عُقوبة الإعْدام	death penalty
لاجِئ	refugee
لاجِئ سِياسي	political refugee
طالِب اللجوْ السِّياسي	asylum seeker
مُعسْكر لاجِئين	refugee camp
أوروبا	Europe

الاتِّحاد الأُوروبي	European Union
تَوسِيع الاتِّحاد الأُوروبي	European enlargement
يورو	euro

إدْمان الكُحول	alcoholism
الإسراف في تَناوُل الكُحوليات	binge drinking
تَدْخين	smoking
حَظْر التَّدْخين	smoking ban
مُخَدِّرات	drugs
إدْمان مُخَدِّرات	drug abuse
مُدْمِن مُخَدِّرات	drug addict
جُرْعَة زائِدَة	overdose
حَشيش	hashish
كُوكايين	cocaine
هيروين	heroin
تَهْريب مُخَدِّرات	drug trafficking
تاجِر مُخَدِّرات	dealer

حُقوق الحَيَوان	animal rights
تَجارُب على الحَيَوانات	animal testing
النَّباتِيَّة	vegetarianism
أغْذِية مُعَدَّلة وِراثيّاً	genetically modified food
جين	gene
زَرْع الأَعْضاء	transplant
جَنين	embryo
خَلايا جِذْعِيَّة	stem cells
استِنْساخ	cloning
القَتْل الرَّحيم	euthanasia

أَعْتَقِدُ أَنَّ ...
I think/believe that ...

هذا هُراء!
that's nonsense!

أَتَّفق / أَختَلف (معك)
I agree/disagree (with you)

كُلُّهم يتعاطون المُخَدِّرات
they all take drugs

هو مُدْمِن كُحوليات
he's an alcoholic

ما رَأيُك في الإجْهاض؟
what's your opinion on abortion?

هو مُهْتَم جداً بمَوضوعات حُقوق الحَيوان
he's very interested in animal rights issues

يجبُ أن نَفْعَل أكثر لمُساعَدة المُشَرَّدين
we should do more to help the homeless

غالباً ما يُوجَد تمْييز ضدَّ المُعاقين
disabled people are often discriminated against

 ## Homework help

I'm for/against ...
أنا مَع / ضَدَّ ...

I approve/disapprove of ...
أنا أُوافق / لا أُوافق عَلى ...

I believe in/don't believe in ...
أُوْمِن / لا أُوْمِن بِ...

It's important to ...
من المُهمَّ أن ...

We need to do more to fight ...
يَجبُ أَنْ نَفْعَل المَزيد لمُكافَحة ...

We need to stop/reduce ...
يَجبُ أَنْ نُوقِف / نُقَلِّل ...

We need to improve/increase ...
نحتاج أن نزيد / نُحَسِّن ...

People could ...
يُمكِنُ للنّاس أَنْ ...

The government should ...
يَجبُ على الحُكومَة أَنْ ...

I think it's shocking that ... أعْتَقِد أنه مِن المُفجع أنّ ...	people have to sleep on the streets. بَعْض النّاس يُضْطَرُّون إلى أن يَناموا في الشوارع.
	racism still exists. العُنْصُرية ما زالَت مَوجودة.
	gay people are discriminated against. المثليين يُعانون مِن التَّمييز.
I'm worried about ... أنا قَلِق مِن ...	being mugged. السَّرِقة بالإكْراه.
	a terrorist attack. هُجوم إرهابي.
	scientists cloning humans. اسْتِنْساخ العُلَماء للبَشَر.
	the AIDS epidemic. انْتِشار مَرَض الإيدز.
It would be better if ... مِن الأفْضَل لو ...	drugs were legalized. تَمَّ تَقْنين المُخَدِّرات.
	cloning was banned. تَمَّ حَظْر الاسْتِنْساخ.
	we joined the euro. انْضَمَمْنا لليورو.
	there were tighter immigration controls. كانت هُناك ضَوابِط أشَدَّ على الهِجْرة.

See also sections:

16 SMOKING *and* **29 THE ENVIRONMENT**.

حكَمَ – يحكُمُ – الحُكم	to govern
شَرَعَ – يَشرَعُ – التَّشريع	to legislate
انْتخبَ – ينتخبُ – الانْتخاب	to elect
صَوَّتَ – يُصوِّتُ – التَّصويت	to vote

تظاهَرَ – يَتظاهرُ – التَّظاهُر	to demonstrate
ألْغى – يُلْغي – الإلْغاء	to abolish
أمَّمَ – يُؤمِّمُ – التَّأميم	to nationalize
خصْخصَ – يُخصْخِصُ – الخصْخصة	to privatize
قنَّنَ – يقنِّنُ – التقْنين	to legalize

سياسي	political
ديموقراطي	democratic
مُحافظ	conservative
اشتراكي	socialist
أخْضَر	green
شيوعي	communist
ماركسي	Marxist
فاشي	fascist
فوْضوي	anarchist
رأسْمالي	capitalist
مُتطرِّف	extremist
جناح اليمين	right wing
جناح اليسار	left wing
يمين الوسط	centre-right

يَسار الوَسَط	centre-left
أُمَّة	nation
بَلَد	country
دَوْلة	state
جُمهوريَّة	republic
مَلَكِيَّة	monarchy
حُكومَة	government
بَرْلمان	parliament
مَجلِس وُزَراء	cabinet
عاهِل	monarch
مَلِك	king
مَلِكة	queen
أمير	prince
أميرة	princess
رَئيس	president
رَئيس وُزَراء	Prime Minister
وَزير	minister
عُضْو في البَرْلمان	MP
سِياسي	politician
مُسْتشار إعْلامي	spin doctor
ناخِب	voter
الشَّعْب	the people
الطَّبقات الوسْطى	middle classes
الطَّبقة العامِلة	working class
انْتِخابات	elections

حِزْب سِياسِي	political party
حَقّ التَّصْوِيت	right to vote
ناخِبُون	constituency
صُنْدُوق اقْتِراع	ballot box
اقْتِراع	ballot
مُرَشَّح	candidate
حَمْلة انْتِخابِية	election campaign
اسْتِطْلاع رَأْي	opinion poll
مَشْرُوع قانُون	bill
قانُون	law
سِياسة	policy
دُسْتُور	constitution
فَضِيحة	scandal
أزْمة	crisis
مُظاهَرة	demonstration
انْقِلاب	coup
ثَوْرة	revolution
حَرْب أَهْلِية	civil war
حُقُوق الإنْسان	human rights
دِكْتاتُورِية	dictatorship
فَساد	corruption
أَيْدِيُولُوجِيَّة	ideology
دِيمُوقْراطِيَّة	democracy
اشْتِراكِيَّة	socialism
شِيُوعِيَّة	communism
ماركْسِيَّة	Marxism
فاشِيَّة	fascism

فَوْضَوِيَّة	anarchism
رَأْسْمالِيَّة	capitalism
سِلْمِيَّة	pacifism
عَدَم انْحِياز	neutrality
حُرِّيَّة	freedom

الأُمَم المُتَّحِدَة	UN, United Nations
الاتِّحاد الأُوروبي	EU, European Union
حِلْف شَمال الأَطْلَنطي (الناتو)	North Atlantic Treaty Organization (NATO)

تَقَدَّمَت تُركِيا للانْضِمام للاتِّحاد الأُوروبي
Turkey has applied to join the EU

تَعْقِد الحُكومات اسْتِفتاء حَوْل اليورو
the governments are holding a referendum on the euro

حَصَلَ الحِزْب على خَمْسَة مَقاعِد في الانْتِخابات الأَخيرَة
the party gained five seats in the recent election

 Homework help

If I were the Prime Minister I would say/make/give ...
لو كُنْتُ رَئِيس الوُزَراء، لَقُلْتُ / لَعَمِلْت / لأَعْطَيْت ...

Young people ... الشَّباب ...	aren't interested in politics. لَيْسوا مُهْتَمّين بالسِّياسَة.
	don't understand politics. لا يَفْهَمُون السِّياسَة.
	think politicians don't listen to them. يَعْتَقِدون أَنّ السِّياسِيين لا يَسْتَمِعون إلَيْهِم.

don't trust politicians.

لا يَثِقُون بِالسِّياسِيين.

| I think ... | it's important to vote. |
| أَعْتَقِدُ أَنَّ ... | التَّصويت مُهِمّ. |

politicians should focus more on youth issues.

السِّياسِيين يَجِب أَنْ يَعْمَلوا المَزيد مِن أَجْل الشَّباب.

the government should do more to help poor people.

الحُكومة يَجِب أَنْ تَعْمَل المَزيد لِمُساعَدة الفُقَراء.

the voting age should be lowered/raised.

يَجِب رَفْع / خَفْض سِنّ التَّصويت.

| People should vote because ... | it's a chance to have your say. |
| يَجِب عَلَى النّاس أَنْ يُصَوِّتوا لأَنّ ... | هذه طَريقة لِلتَّعْبير عَن النَّفْس. |

we're lucky to live in a democracy.

نَحْن مَحْظوظون بِالحَياة في بَلَد ديموقراطي.

women fought very hard to get the vote.

النِّساء كافَحْن كَثيراً لِلحُصول على حَقّ التَّصويت.

| Some people don't vote because ... | they're too lazy. |
| بَعْضُ النّاس لا يُصَوِّتون لأَنَّهم ... | كَسالى جِدًّا. |

they can't decide who to vote for.

لا يَستطيعُون اختيار مَن يُصَوِّتوا له.

they think all the parties are the same.

هُم يَعْتَقِدُونَ أَنَّ كُلَّ الأَحْزاب السِّياسِية مُتَشابِهة.

See also section:

34 TOPICAL ISSUES.

قال – يقولُ – القَوْل	to say
أخْبَر – يُخبِرُ – الإخْبار	to tell
تحدَّث – يتحدَّثُ – التَّحَدُّث	to talk, to speak
ردَّد – يُردِّدُ – التَّرْديد	to repeat
أضاف – يُضيفُ – الإضافة	to add
أعْلَن – يُعلِنُ – الإعْلان	to declare, to state
شرَح – يشرَحُ – الشَّرْح	to explain
عبَّر – يُعبِّرُ – التَّعْبير	to express
أصَرَّ – يُصِرُّ – الإصْرار	to insist
ادَّعى – يدَّعي – الادِّعاء	to claim
قابَل – يُقابِلُ – المُقابَلة	to interview
تكلَّم مع – يتَكلَّمُ مع – التَّكلُّم مع	to speak with
دردش – يُدرِدشُ – الدَّرْدشة	to chat
أبلَغ – يُبلِغُ – الإبْلاغ	to inform
أوْضَح – يُوضِحُ – الإيْضاح	to indicate
ذكَر – يذكُرُ – الذِّكْر	to mention
وعَد – يعِدُ – الوَعْد	to promise

صاح – يصيحُ – الصِّياح	to shout
صرَخ – يصرُخُ – الصُّراخ	to scream
همَس – يهمِسُ – الهَمْس	to whisper
همْهَم – يُهمْهِمُ – الهَمْهَمة	to murmur
تمْتَم – يُتمْتِمُ – التَّمْتَمة	to mumble
تلعْثم – يتلعْثمُ – اللَّعْثمة	to stammer
بصَق – يبصُقُ – البَصْق	to splutter (out)

أَوْمَأَ – يُومِئُ – الإِيماء	to gesticulate
اضْطَرَبَ – يَضْطَرِبُ – الاضْطِراب	to get worked up
رَدَّ – يَرُدُّ – الرَّدُّ	to reply, to answer
جادَلَ – يُجادِلُ – الجِدال	to argue
أَقْنَعَ – يُقْنِعُ – الإِقْناع	to persuade, to convince
أَثَرَ عَلى – يُؤَثِّرُ عَلى – التَّأْثير عَلى	to influence
وافَقَ – يُوافِقُ – المُوافَقة	to approve
ناقَضَ – يُناقِضُ – المُناقَضة	to contradict
اعْتَرَضَ – يَعْتَرِضُ – الاعْتِراض	to object
بالَغَ – يُبالِغُ – المُبالَغة	to exaggerate
أَكَّدَ – يُؤَكِّدُ – التَّأْكيد	to emphasize
تَوَقَّعَ – يَتَوَقَّعُ – التَّوَقُّع	to predict
أَكَّدَ – يُؤَكِّدُ – التَّأْكيد	to confirm
نَفى – يَنْفي – النَّفْي	to deny
شَكَّ – يَشُكُّ – الشَّكّ	to doubt
اعْتَرَفَ – يَعْتَرِفُ – الاعْتِراف	to admit, to confess
أَدْرَكَ – يُدْرِكُ – الإِدْراك	to recognize
أَمَلَ – يَأْمَلُ – الأَمَل	to hope
تَظاهَرَ – يَتَظاهَرُ – التَّظاهُر	to pretend
خَدَعَ – يَخْدَعُ – الخِداع	to deceive
أَطْرى – يُطْري – الإِطْراء	to flatter
انْتَقَدَ – يَنْتَقِدُ – الانْتِقاد	to criticize
نَمَّ – يَنُمُّ – النَّميمة	to gossip
اعْتَذَرَ – يَعْتَذِرُ – الاعْتِذار	to apologize

مُقْتَنِع	convinced
مُقْنِع	convincing
صَحيح	true
خَطَأ	false

مُحادَثة	conversation
مُناقَشة	discussion
مُناظَرة	debate
جِدال	argument
شَرْح	explanation
حِوار	dialogue
خِطاب	speech
مُحاضَرة	lecture
فِكْرة	idea
مُقابَلة	interview
مُؤْتَمَر	conference
نَميمة	gossip
شائِعات	rumours

رَأْي	opinion
وِجْهة نَظَر	point of view
حُجّة	argument
سوء فَهْم	misunderstanding
اِتِّفاق	agreement
اِخْتِلاف	disagreement
نَقْد	criticism
اِعْتِراض	objection
إِعْلان	declaration, statement
اِعْتِراف	confession, admission

ميكروفون	microphone
مُضَخِّم صَوْت	megaphone
مُكَبِّر صَوْت	loudspeaker

حَوالي	about *(approximately)*

تَقْريباً	almost
كُلِّيّاً	entirely
عَدا	except
بِصَراحَة	frankly
بِشَكْل عامّ	generally
بِفَضْل	thanks to
رُبَّما	maybe
بِطَبيعَة الحال	naturally, of course
بِالطَّبْع	of course
لأَنَّ	because
لِماذا؟	why?
بِدون	without
بِلا شَكّ	undoubtedly
مَعَ ذلِك	however
رُبَّما	maybe
مُطْلَقاً	absolutely
حَسَناً	OK

صَحيح / مُخْطِئ
to be right/wrong

لا أُوافِق عَلَى أَفْكارِها
I don't approve of her ideas

ماذا يَعْني هذا؟
what does this mean?

أَلا تَعْتَقِد ذلِك؟
don't you think?

أَلَيسَ كَذلِك؟
isn't it?/don't you? etc

جادَلَ لِصالِح / ضِدّ ...
he argued for/against ...

لا أَعْرِفُ ماذا تَقْصِد
I don't know what you mean

هذا صَحيح
that's right

حَقّاً؟
really?

كان غاضِباً جِدّاً، أليس كذلك؟

he was quite angry, wasn't he?

هذه حُجَّة مُقْنِعة جِدّاً، أليس كذلك؟ ألا تَعْتقِدُ ذلك؟

it's a very convincing argument, isn't it?/don't you think?

See also sections:

34 TOPICAL ISSUES *and* **38 THE PHONE**.

كِتابَة الرَّسائِل 37
LETTER WRITING

كَتَبَ – يَكتُبُ – الكِتابة	to write
دَوَّنَ – يُدَوِّنُ – التَّدْوين	to jot down
نَسَخَ – يَنسَخُ – النَّسْخ	to type
أشارَ – يُشيرُ – الإشارة	to sign
أغلَقَ – يُغلِقُ – إغلاق	to seal *(envelope)*
وَزَنَ – يَزِنُ – الوَزْن	to weigh
احتَوى – يَحتوي – الاحْتِواء	to contain
لَصَقَ – يَلصِقُ – لَصْق الطابع	to put a stamp on
أرسَلَ – يُرسِلُ – إرسال بالبريد	to post
راسَلَ – يُراسِلُ – المُراسَلة	to correspond with
أرسَلَ – يُرسِلُ – الإرسال	to send
استَلَمَ – يَستَلِمُ – الاستِلام	to receive
رَدَّ – يَرُدُّ – الرَّدّ	to reply
أرجَعَ – يُرجِعُ – الإرجاع	to send back

مَطبوع	typed
مَكتوب بِخَطّ اليَد	handwritten
مَقروء	legible
غَير مَقروء	illegible
بِالبَريد الجَوّي	by airmail
مُوصى عَلَيه	by special delivery
بِالبَريد المُسَجَّل	by registered mail
بِخِدْمة التَّوْصيل	by courier

وَرَق كِتابة	writing paper

ورقة فلوسْكاب	sheet of paper *(A4 size)*
قلم حِبْر جاف	ballpoint pen
قلم رصاص	pencil
كتابة بِخَطّ اليد	handwriting
مَسْوَدَة	rough copy, draft
مُلْحوظة	note
فِقْرة	paragraph
جُمْلة	sentence
سَطْر	line
كِلمة	word
أسْلوب	style
هامش	margin

تاريخ	date
توْقيع	signature
مظروف	envelope
عُنْوان	address
اسْم وعُنْوان المُرْسِل	sender's name and address
المُرْسَل إليْه	addressee
المُرْسِل	sender
الرَّمْز البريدي	postcode
طابِع	stamp

بَريد	mail, post
رسالة	letter
طَرْد	parcel
بطاقة بريدية	postcard
استمارة	form
حوَالة بريْدية	postal order
بِطاقة	card

خِطاب رَسْمي	business letter
شَكْوى	complaint
رِسالة غَرام	love letter
دَعْوة	invitation
رِسالة شُكْر	thank-you letter
بِطاقة تَهْنِئة بِعيد الميْلاد	Christmas card

صُنْدوق بَريدي	postbox
أوْقات جَمْع البَريد	collection times
مَكْتَب بَريد	post office
مَكْتَب بَريد فَرْعي	sub-post office
كاوِنْتِر	counter
ساعي البَريد	postman

شُكْراً جَزيلاً عَلى ...
thank you very much for ...

بلِّغ حُبّي لمُنى
give my love to Mona

يُرْجَع للمُرْسِل
return to sender

خَطُّها سَيِّئ للغاية؟
her handwriting is appalling!

ما تَكْلِفة البَريد؟
how much is the postage?

أُريدُ طابَعاً مِن فِئة اثنين يورو
I'd like a two-euro stamp

أُريدُ ثَلاثة طوابِع للمَمْلَكة المُتَّحِدة مِن فَضْلَك
I'd like three stamps for the UK please

أتَشَوَّقُ لِرُؤيَتِكُم مُجَدَّداً عَن قَريب
looking forward to seeing you again soon

سَأُرْسِلُ لَك رِسالة إلكترونية غَداً
I'll e-mail you tomorrow

سَأقومُ بِتَأكيد كُلِّ البَيانات بالفاكِس
I'll confirm all the details by fax

 Homework help

STARTING THE LETTER

Dear Sir/Madam,
عَزيزي / عَزيزَتي

Dear Aleya,
عَزيزَتي عَليَّة

Dear Mum and Dad,
عزيزي بابا عزيزتي ماما

Dear all,
أعزّائي

Hi Salma!
أهْلاً سَلْمَى!

How are you?
كيف حالك؟

I hope you are well.
أتمَنّى أنْ تكون بخير.

Thank you for your letter.
شُكْراً عَلى رِسالَتك.

It was great to hear from you.
كَم سَعِدتُ بِسَماع أخْبارِك.

PURPOSE OF THE LETTER

I'm writing to ...
أكْتُب ل ...

ask for ...
أطْلُب ...

thank you for ...
أشْكُرك عَلى ...

wish you ...
أتَمَنّى لكَ ..

tell you ...
أخْبِرَك بأنّ ...

invite you ...
أدْعُوك ل...

Please could you ...
هَل يُمْكِنُك ....

send me ...
أنْ تُرسِل لي ...

tell me ...

أَنْ تُخبِرَني ...

confirm ...

أَنْ تُوَكِّد ...

I'm sending you ...	Please find enclosed ...
أَرْسِل لَكَ ...	مُرْفَق طَيَّهُ ...

FINISHING THE LETTER

Please do not hesitate to contact me.

لا تَتَرَدَّدْ في الاتِّصال بي.

I look forward to hearing from you.

أَتَشَوَّقُ لِسَماع أَخْبارِك.

Yours sincerely,	Yours faithfully,
المُخْلِص	تَفَضَّلوا بِقَبول فائِق الاحْتِرام

Kind regards,	Write back soon!
مَع تَحِيّاتي	أَتَشَوَّقُ لِرَدِّك السَّريع!

Love,	
مَع حُبّي	

See also sections:

34 TOPICAL ISSUES *and* **38 THE PHONE**.

اتَّصَل – يتَّصِل – الاتِّصال	to call, to phone
طَلَب – يطلُبُ – طلب الرَّقم	to dial
أنْهى – يُنْهي – إنْهاء المُكالمة	to hang up
ردَّ – يردُّ – الرَّد	to answer
عمل – يعمَل – عمل مُكالمة	to make a phone call
اتَّصَل – يتَّصِل – الاتِّصال	to phone, to ring
ردَّ – يردُّ – ردّ المُكالمة	to call back
ترك – يترُك – ترْك رسالة	to leave a message
طَلَب – يطلُبُ – طلب رقم خاطئ	to dial the wrong number
رفع – يرْفَع – رفع السَّمَاعة	to lift the receiver
أرْسَل – يُرْسِل – إرْسال رسالة	to text
شحَن – يشْحَنُ – شَحْن	to charge
شحَن – يشْحَنُ – شَحْن الرَّصيد	to top up
مشْغول	engaged
مُعطِّل	out of order
سَمَّاعة	receiver
زرَّ	button, key
تليفون لاسلْكي	cordless phone
جهاز ردَّ آلي	answering machine
رسالة صوْتيَّة	voicemail
حرَارة	dialling tone
دفْتر التِّليفون	phone book
الدَّليل	Yellow Pages®

كَابِينَة تِلِيفُون	phone box
كَارْت تِلِيفُون	phonecard
مُكَالَمَة دَوْلِيَّة	international call
رَمْز الاتِّصال	dialling code
رقم	number
استِعْلامات	enquiries
مُكَالَمَة مَدْفوعة مِن المُسْتَقْبِل	reverse charge call
رقْم مَجَّانِي	Freefone® number
رقْم خاصّ	premium-rate number
طوارِئ	emergency
مُشْتَرِك	subscriber
عَامِل تَشْغِيل	operator
اتِّصال سَرِيع	speed dial

تِلِيفُون مَحْمُول ، جَوَّال	mobile phone
رِسالة نَصِّيَة	text message
رِسالة مُصَوَّرة	picture message
الحَرارة	ringtone
تِلِيفُون بالكامِيرا / بالفيديو	camera/video phone
شَبكة	network
عَقْد	contract
بِطاقة شَحْن	top-up card
رَصِيد	credit
تَغْطِية شَبَكة	signal
شاحِن	charger

التِّليفُون يَرِنّ the phone's ringing	ألو؟ hello?

نعم أتكلَّم
yes, speaking

هل يُمْكِن أَنْ أُكلِّم فادي؟
can I speak to Fady?

أودُّ أَنْ أتكلَّم مع نادية سالم لو سمَحْت
I would like to speak to Nadia Salem, please

انْتَظِر من فَضْلِك
hold on, please

مَنْ المُتَّصِل؟
who's calling?

الخطُّ مشْغُول
it's engaged

لا يُوجد ردّ
there's no answer

الخطُّ قُطِع
we got cut off

آسف هي غَيْر مَوْجُودة
I'm sorry, she's not here

لحْظة واحِدة، سأُوصِّلُك به
one moment, I'll just put you through to him

هل تودُّ أَنْ تتْرُك رسالة؟
would you like to leave a message?

آسف، اتَّصلْتُ بالرَّقْم الخاطِئ
sorry, I've got the wrong number

هل يُمكِنُك أَنْ تخْبِره أَنَّني اتَّصلْتُ به؟
can you tell him I called?

لا توجد شَبكَة هنا
I can't get a signal here

نَفِد رصيدي
I've run out of credit

سأبْعثُ لك رسالة بعنْواني
I'll text you my address

ابْعث لي رسالة اللَّيْلة
text me tonight

See also section:

39 COMPUTERS AND THE INTERNET.

الكمبيوتر والإنترنت 39
COMPUTERS AND THE INTERNET

حَفِظَ – يَحفَظُ – الحِفظ	to save
نَقَرَ – يَنقُرُ – النَّقر	to click
حَذَفَ – يَحذِفُ – الحَذف	to delete
طَبَعَ – يَطبَعُ – الطَّبع	to print
ضَغَطَ – يَضغَطُ – الضَّغط	to zip
فَكَّ – يَفُكُّ – فَك الضَّغط	to unzip
بَحَثَ – يَبحَثُ – البَحث عَلى الإنتَرنت	to browse the Internet
بَحَثَ – يَبحَثُ – البَحث عَن	to search for
نَزَّلَ – يُنَزِّلُ – التَّنزيل	to download
حَمَّلَ – يُحَمِّلُ – التَّحميل	to upload
أرسَلَ – يُرسِلُ – إرسال رسالة إلكترونية إلى	to e-mail *(person)*
أرسَلَ – يُرسِلُ – إرسال وَثيقة بالبَريد الإلكتروني	to e-mail *(document)*
رَدَّ – يَرُدُّ – الرَّدّ	to reply
وَجَّهَ – يُوَجِّهُ – التَّوجيه	to forward
اختَرَقَ – يَختَرِقُ – الاختِراق	to hack into
دَردَشَ – يُدَردِشُ – الدَّردَشة	to chat
تَعَطَّلَ – يَتَعَطَّلُ – التَّعَطُّل فَجأة	to crash
تَجَمَّدَ – يَتَجَمَّدُ – التَّجَمُّد	to freeze
مُتَّصِل بالإنتَرنت	online
غَير مُتَّصِل بالإنتَرنت	offline

الحَاسُوب	**the computer**
لاب توب	laptop
شاشة	screen, monitor
طابِعة	printer
ماسِح ضَوْئي	scanner
بَرْنامِج	program
الفَأرة	mouse
لوْحة مَفاتيح	keyboard
زِرّ	key
زِرّ الإدْخال	enter key
مِسْطَرة المَسافات	space bar
مُشير	cursor
مُشَغِّل أقْراص	drive
حافِظة	folder
مِلَفّ	file
مُرْفَقات	attachments
قُرْص	disk
قُرْص صَلْب	hard disk
قُرْص مَرِن	floppy disk
قُرْص مَضْغوط	CD-ROM
فلاشة	memory stick
أجْهِزة	hardware
بَرامِج	software
مَجْموعة بَرامِج	software package
تَصْحيح إمْلائي	spellcheck
صَفْحة إكسِل ®	spreadsheet
جَدْول	table
البَريد الإلكْتروني والإنْتَرنِت	**e-mail and the Internet**
بَريد إلِكْتروني	e-mail

عُنْوان البَريد الإلِكْتروني	e-mail address
حساب بَريد إلِكْتروني	e-mail account
البَريد الوارد	inbox
البَريد الصّادِر	outbox
مُهْمَلات	trash
نُقْطة	dot

مودِم	modem
إنْتَرنِت ذُو نِطاق تَرَدُّد واسِع	broadband
لاسِلْكي	wireless
إنْتَرنِت	Internet
مُسْتَخْدِم إنْتَرنِت	Internet user
إنْتَرنِت كافيه	Internet café
الشَّبَكة العالَمِيّة	the Web
مَوْقِع إلِكْتروني	website
صَفْحة إلِكْترونِية	webpage
عُنْوان مَوْقِع إلِكْتروني	URL
لينك	hyperlink
كاميرا ويب	webcam
مُنَظِّم صَفَحات الويب	Webmaster
صَفْحة رَئيسِية	homepage
مُقَدِّم خَدَمات إنْتَرنِت	access provider
مُحَرِّك بَحْث	search engine
بَرْنامِج بَحْث الإنْتَرنِت	browser
نَتيجَة بَحْث	hit *(on website)*
دَرْدَشة	chatroom
مُنْتَدى	forum
رُكْن الرَّسائِل	message board
رُكْن المُناقَشة	discussion board

لُعْبة كُمْبِيوتر	computer game
مُقامَرة على الإنترنت	online gaming
كَمْبيوتر أَلْعاب	games console
لاعِب	gamer
هاكِر	hacker
بَريد مُزْعِج	spam
مُرسِل بَريد مُزْعِج	spammer
فَيروس	virus

اخْتر طِباعة من قائمة الملَفّ
select Print from the File menu

هل عِنْدك بِرودباند في البَيْت؟
have you got broadband at home?

ما عُنْوان بَريدك الإلِكْتروني؟ العُنْوان كيه سلام آت مايمِل دوت كو دوت يو كيه
what's your e-mail address? – it's 'k sallam, at mymail, dot co, dot uk'

وجَّه النُّكْتة للفَصْل كلّه
he forwarded the joke to the whole class

هل يُمكِنك أن تُرسِل لي نُسْخة من الرِّسالة الإلِكْترونية؟
can you copy me in to the e-mail?

يجب أن أفْحص بَريدي الإلِكْتروني   *Inf* هو مَهْووس بالكُمْبيوتر
I just need to check my e-mail   he's a real computer geek

---

40 تَحِيَّات وعِبَارات مُهَذَّبة

GREETINGS AND POLITE PHRASES

حَيَّا – يُحيِّي – التَّحيَّة	to greet
عَرَّف – يُعَرِّف – التَّعْريف	to introduce
شَكَرَ – يَشْكُر – الشُّكْر	to thank
هَنَّأ – يُهَنِّئ – التَّهْنِئة	to congratulate
عَزَّى – يُعَزِّي – التَّعْزِية	to offer one's condolences
تَمَنَّى – يَتَمَنَّى – التَّمَنِّي	to wish
اعْتَذَر – يَعْتَذِر – الاعْتِذار	to apologize
طَلَب – يَطْلُب – طَلَب مَعْرُوف	to ask a favour of

أَهْلاً وسَهْلاً	hello
أَهْلاً	hello
صَباح الخَيْر	good morning
مَساء الخَيْر	good afternoon
مَساء الخَيْر	good evening
تُصْبِح عَلى خَيْر	good night

تَشَرَّفْنا	pleased to meet you, how do you do
أَهْلاً وسَهْلاً	how do you do
كَيْف حالَك؟	how are you?
سَعِدْتُ بِمُقابَلتَك	nice to see you
مَع السَّلامَة	see you
أَراك قَريباً	see you soon

إلى اللِّقاء	see you later
أراك غَدًا	see you tomorrow
اسْتَمتِع بوَقتِك	have a good time
هَنيئًا	enjoy your meal
في صِحَّتِك!	cheers!
حَظ سَعيد	good luck
رِحْلة سَعيدة	have a good trip, safe journey
يَرْحَمُكم الله	bless you (after sneezing)
سَلامَتك	get well soon
مَرْحَبًا	welcome
آسِف!	sorry!
عُذْرًا؟	sorry? (didn't hear)
عَفوًا	excuse me
احْتَرِس	watch out
يا لِلأَسَف	what a pity

نَعَم	yes
لا	no
لا شُكْرًا	no thanks
مِنْ فَضْلِك	please
شُكْرًا	thank you
شُكْرًا جَزيلًا	thank you very much
عَفوًا	not at all, you're welcome
أوَدّ ذلك	I'd love to
بِمَزاجِك	it's up to you
حَسَنًا	OK
لا مُشْكِلة	don't worry

احتفالات	**festivities**
ميلاد مَجيد!	merry Christmas!

سَنَة جَديدة سَعيدة!   happy New Year!
عيد ميلاد سَعيد!   happy birthday!
مُبارك!   congratulations!

اسْمَح لي أُعَرِّفُك بالسَّيِّد أشْرَف فاضِل
may I introduce Mr Ashraf Fadel

أحْزَنَني سماع الخَبَر
I'm sorry to hear that

مَعَ أجْمَل الأُمْنِيات بعيد ميلاد سَعيد / بعام سَعيد
we wish you a happy birthday/New Year

لا مَانِع   أعْتَذِر (بِشدَّة)
I don't mind   I'm (terribly) sorry

عَفْواً هل يُمْكِنُك أن تُخْبِرَني ... ؟
excuse me please, could you tell me ...?

الملح من فَضْلك؟   بلِّغ تَحِيَّاتي لأُخْتِك
could you please pass the salt?   give my regards to your sister

قَامَ – يَقُومُ – القِيَام بِإِجَازَة	to go on holiday
حَجَزَ – يَحْجِزُ – الحَجْز	to book
حَجَزَ – يَحْجِزُ – الحَجْز على الإنترنت	to book online
سَافَرَ – يُسَافِرُ – السَّفَر	to travel
سَافَرَ – يُسَافِرُ – السَّفَر للخارج	to go abroad
زَارَ – يَزُورُ – الزِّيارة	to visit
زَارَ – يَزُورُ – زِيارة المَعالِم	to go sightseeing
قَامَ – يَقُومُ – القِيَام بجَوْلَة	to go on a tour
ذَهَبَ – يَذهَبُ – الذَّهاب للشَّاطِئ	to go to the beach
تَزَلَّجَ – يَتَزَلَّجُ – التَّزَلُّج	to ski
اسْتَمتَعَ – يَسْتَمتِعُ – الاسْتِمتاع	to enjoy oneself
خَطَّطَ – يُخَطِّطُ – التَّخطِيط	to plan
حَزَمَ – يَحزِمُ – حَزْم الحَقائِب	to pack one's suitcases
عَمِلَ – يَعمَلُ – عمل قائِمة	to make a list
جَدَّدَ – يُجَدِّدُ – تَجْدِيد جَواز السَّفَر	to renew one's passport
طَعَّمَ – يُطَعِّمُ – التَّطْعِيم	to be vaccinated
أخَذَ – يَأخُذُ – الأخْذ	to take
نَسِيَ – يَنسَى – النِّسيان	to forget
أمَّنَ – يُؤمِّنُ – التَّأمِين	to insure
عَبَرَ – يَعبُرُ – عُبور الجَمارك	to go through customs
بَحَثَ – يَبحَثُ – البَحْث	to search
أعْلَنَ – يُعلِنُ – الإعْلان	to declare
هَرَّبَ – يُهَرِّبُ – التَّهرِيب	to smuggle
مَسار الرُّحْلة	itinerary

حَجْز	booking
حَجْز عَلى الإِنْترنِت	online booking
مُقَدَّم	deposit
حَقائِب السَّفَر	luggage
حَقيبَة	piece of luggage
حَقيبَة سَفَر	suitcase
جِراب	travel bag, holdall
حَقيبَة ظَهْر	rucksack
مُلْصَق	label
تَذْكِرَة	ticket
تَأْمين سَفَر	travel insurance
شيكات سِياحيَّة	traveller's cheques
جَواز سَفَر	passport
بِطاقَة هُوِيَّة	identity card
تَأْشيرَة	visa
جَمارِك	customs
مُوَظَّف جَمارِك	customs officer
حُدود	border

سِياحَة — **tourism**

إِجازات	holidays
رِحْلَة	trip, journey
رِحْلَة مُتَكامِلَة	package tour
رِحْلَة طَويلَة	long-haul trip
رِحْلَة حَوْل العالَم	round-the-world trip
إِجازَة قَصيرَة	short break
إِجازَة نِهايَة الأُسْبوع	weekend break
رِحْلَة مُغامَرات	adventure holiday
رِحْلَة الصَّيْف	summer holiday
رِحْلَة رِياضات شِتَوِيَّة	winter sports holiday

رِحْلة بَحرية	cruise
شَهْر عَسَل	honeymoon
سائِح	tourist
مَجْمُوعة سِياحِيَّة	tour group
زائِر	visitor
أَجْنَبِي	foreigner
مَكْتَب اسْتِعْلامات سِياحِيَّة	tourist information centre
مَكْتَب سِياحي	tourist office
مَزارات	attractions
مَناظِر	sights
أَماكِن مُهِمَّة	places of interest
مُنْتَجَع	resort
مُتَنَزَّه	amusement park
نَشْرة	brochure
مُرْشِد سِياحي	guide (person)
دَليل سِياحي	guide (book)
قامُوس عِبارات	phrasebook
خَريطة	map
خَريطة مَدينة	street map
زِيارة	visit
رِحْلة مَع مُرْشِد	guided tour
رِحْلة لِيَوْم واحِد	day trip
رِحْلة أُوتوبيس	coach trip
ضِيافة	hospitality
قُنْصُلِيَّة	consulate
سَفارة	embassy
مَجالات إخْتِصاص	specialities

لَوْن مَحَلِّي	local colour
طبق تقليديّ	traditional dish
قَرْية تقليديَّة	typical village
زِيّ تقليديّ	local costume
حِرَف	crafts
حَياة اللَّيْل	night life
حيويَّة	liveliness
تذْكار	souvenir
بطاقة بَريديَّة	postcard

سِياحَة عَرَبيَّة — Arabic tourism

سِياحَة عَرَبيَّة	**Arabic tourism**
آثار فَرْعونيَّة	Ancient Egyptian monuments
آثار قَبْطيَّة	Coptic monuments
آثار إسْلاميَّة	Islamic monuments
آثار يُونانيَّة رُومانيَّة	Greco-Roman monuments
الأهْرام	the pyramids
مَعابد فَرْعونيَّة	Ancient Egyptian temples
مَقابر فَرْعونيَّة	Ancient Egyptian tombs
وادي المُلوك	Valley of the Kings
وادي الملكات	Valley of the Queens
مَدينة البَتْراء	Petra
رِحْلة فُلُوكة	Nile cruise (feluka trip)
شُغْل النّحَاس	brass products
مهْرَجان سِياحَة وتَسوُّق	tourism and shopping Festival
حُلي عَرَبيَّة	Arab jewellery
سُوق	bazaar

عُرْف	custom
ثقافة	culture
أسْلوب حَياة	way of life

لا تنْسَ قاموس العبارات السِّياحيَّة الخاص بك

don't forget your phrasebook

لا تُوجد معنا أشياء نَدْفع عليها جَمارك

nothing to declare

أيْن مكْتب الاستعْلامات السِّياحيَّة ؟

where is the tourist information office?

هل يَجب تأْكيد الحَجْز كتابَةً؟

should we confirm our booking in writing?

هل معك خريطة المدينة؟	قضيْنا وقتاً رائعاً في الإجازة
do you have a map of the town?	we had a great time on holiday

Homework help

During my holidays I ...

خلال الإجازات، ...

I went with ...

ذهبْتُ مَع ...

We stayed in a hotel/an apartment/a villa.

مكثْنا في فُنْدق / شقَّة / فيلا.

We visited ...

زُرْنا ...

I went surfing/scuba diving.

ذهبْتُ لرُكوب الأمْواج / الغطْس.

The hotel was lovely/a bit noisy.

الفُنْدق كان جميلاً / مُزْعجاً بعْض الشَّئ.

The food was really nice/not very good/unusual.

الطَّعام كان جيِّداً جدّاً / غيْر جيِّد / غيْر عادي.

We went to ...

ذهبْنا إلى ...

We went by plane/car/train.

سافرْنا بالطَّائرة / السَّيَّارة / القطار.

I met ...

قابلْتُ ...

The weather was lovely/OK/awful.

الطَّقْسُ كانَ جَميلاً / حَسَناً / رَديئاً.

The people were friendly/rude.	The best/worst bit was ...
النّاسُ كانوا وَدُودين / وَقِحين.	أفْضَل / أسْوَأ جُزْء كانَ ...

I would/wouldn't go back there because ...

سَأعُود / لن أعُودَ هُناك مَرَّةً أخْرى لأن ...

I would/wouldn't recommend it because ...

أوصي بِه / لا أوصي بِه لأن ...

See also sections:

43 FLYING, 44 PUBLIC TRANSPORT, 45 AT THE HOTEL, 46 CAMPING, CARAVANNING AND YOUTH HOSTELS *and* **47 AT THE SEASIDE.**

حجز – يَحجِزُ – الحَجْز	to reserve, to book
اشْترى – يشْتري – شِراء تذْكِرة	to buy a ticket
ركب – يَركَبُ – الرُكُوب	to get on
نزل – يَنزِلُ – النُزُول	to get off
تأخَّر – يَتأخَّرُ – التأخُّر	to be late
تصادَم – يتصادَمُ – التصادُم	to crash
خرج – يَخرُجُ – الخُرُوج عن المسار	to be derailed

مُتأخِّر	delayed, late
مَحجُوز	reserved
مَشغُول	taken, occupied
شاغِر	free
لِغَيْر المُدخِّنين	non-smoking

المَحطَّة	**the station**
مَحطَّة سكَك حَديديَّة	railway station
مَكتَبُ حَجْز تذاكِر	ticket office
مَكتَبُ اسْتعلامات	information office
لوْحَة السَفَر / الوُصُول	departures/arrivals board
غُرْفَة انْتِظار	waiting room
بُوفيه مَحطَّة	station buffet
حقائِب	luggage
عربة حَقائِب	luggage trolley
حقائِب مَحفُوظة في خزائِن المَحطَّة	left luggage
خزائِن لِحفْظ الحَقائِب	left-luggage lockers

القِطار	**the train**
قِطار رُكّاب	passenger train
قِطار شَحْن	goods train
قِطار إكسبريس	express train
قِطار سَريع	fast train
قِطار فائِق السُّرْعَة	high speed train
قِطار بَطيء	stopping train, slow train
قِطار مَحَلّي	local train, commuter train
قِطار لَيْلي	night train
مُحَرِّك	engine
عَرَبَة	coach
عَرَبَة بوفيه	dining car
عَرَبَة حَقائِب	luggage van
مَقْصورة	compartment
مَقْصورة نَوْم	sleeping compartment
حَمّام	toilet
حَوْض	wash-hand basin
باب	door
نافِذة	window
مَقْعَد	seat
رَفّ حَقائِب	luggage rack
خَطّ اتِّصال	communication cord
إنْذار	alarm
الرِّحْلَة	**the journey**
سِكّة حَديديَّة	railway
رَصيف	platform
قَضيب	track
شَبَكة سِكَك حَديديَّة	rail network

مَزْلقان	level crossing
نفق	tunnel
مَحطّة	stop
وُصول	arrival
مُغادرة	departure
وَصلة	connection
مُسافر	passenger
سائق قطار	train driver
حارس	guard
مُحصّل تذاكر	ticket collector

تذاكر   tickets

تذْكرة	ticket
تذْكرة بنصْف الثَمن	half(-price ticket)
تذْكرة مُخفّضة	reduced rate
سعْر عاديّ	standard rate
تذْكرة ذهاب	single (ticket)
تذْكرة ذهاب وعوْدة	return (ticket)
درجة أولى	first class
درجة ثانية	second class
حجْز مقعد	seat reservation
تذْكرة موْسميّة	season ticket

حجْز	booking, reservation
جدْول مواعيد	timetable
وقْت الذُرْوة	peak time
خارج وقْت الذُرْوة	off-peak time
إجازات رسْميّة	public holidays
أيّام العمل	weekdays

أنا في القِطار
I'm on the train

ذَهَبْنا بالقِطار
we went by train

مَتى القِطار القادِم / الأخير للقاهِرة؟
when is the next/last train for Cairo?

القِطار القادِم من الإسْكَندرِية مُتَأخِر ٢٠ دَقيقة
the train arriving from Alexandria is 20 minutes late

القِطار من بُورسَعيد للسُويس
the train from Port Said to Suez

قِفْ بَعيداً عَن الأبْواب!
stand clear of the doors!

القِطار يَقِفُ في ...
this train calls at ...

هَل يَجِب عَلَيَّ تَغيير القِطار؟
do I have to change?

هَل هَذا المَقعَد شاغِر؟
is this seat free?

أوْصَلَني من المَحَطّة
he picked me up at the station

غَيِّر القِطار في طنطا
change at Tanta

القِطار لَم يَكُن في مَوْعِده
the train wasn't on time

القِطار في مَوْعِده
the train is running on time

وَصَلتُ في المَوْعِد تَماماً
I got there just in time

كادَ القِطار يَفُوتَني
I nearly missed my train

See also section:

44 PUBLIC TRANSPORT.

طَار – يَطيرُ – الطَّيَران	to fly
أَقْلَعَ – يُقْلِعُ – الإقْلاع	to take off
هبط – يَهْبِطُ – الهُبوط	to land
عمِل – يعمل – عمل إجراءات السَّفر	to check in
عمِل – يعمل – عمل إجراءات السَّفر على الإنْترنت	to check in online
عبر – يعبّر – عُبور الإجراءات الأَمْنيَّة	to go through security

في المَطار	**at the airport**
مَطار	airport
مَحَطة	terminal
مَمَرُّ طائرات	runway
مُضيفون أَرْضيون	ground staff
مُراقَبة حَرَكة الطيران	air-traffic control
خط طيران	airline
خط طيران اقتصادي	budget airline
استعْلامات	information service
تَذْكِرة طائرة	plane ticket
عمَل إجراءات السَّفر	check-in
تَذْكِرة	ticket
تَذْكِرة إلكترونيَّة	e-ticket
تَصْريح رُكوب الطَّائرة	boarding pass
مَصْروفات إضافيَّة	supplement
وَزْن زائد	excess baggage
حقيبة يَد	hand luggage

مُراقَبة الجَوازات	passport control
مُراقَبة الأمْن	security control
سُوق حُرّة	duty-free shop
بَضائِع السُّوق الحُرّة	duty-free (goods)
صَالة المُغادَرة	departure lounge
صَالة رِجال الأعْمال	business lounge
بَوّابة	gate
صَالة الوُصول	arrivals hall
اسْتِرْداد الحَقائِب	baggage claim
سَيْر الحَقائِب	baggage carousel
تَأجير سَيّارات	car hire

على الطّائرة	**on board**
طائرة	plane
طائِرة نَفّاثة	jet
طائِرة جامْبو	jumbo jet
رِحْلة مُؤَجَّرة	charter flight
جَناح	wing
مُحَرِّك دَفْع	propeller
مُقَدِّمة الطّائِرة	nose
ذَيْل الطّائِرة	tail
نافِذة	window
الدَّرَجة الاقْتِصاديّة	economy
دَرَجة رِجال الأعْمال	business class
مَقْعَد	seat
حِزام المَقْعَد	seat belt
خِزانة حَقائِب اليَد	overhead lockers
قِناع أوكْسُجين	oxygen mask
سُتْرة نَجاة	life jacket
مَخْرَج طَوارِئ	emergency exit

إِجْرَاءَات السَّلامة	safety procedures
المَجلَّات / الأفْلام على الطَّائرة	inflight magazine/movie
رِحْلة طيَران	flight
رِحْلة طيَران داخِليَّة	domestic flight
رِحْلة طيَران دُوَليَّة	international flight
رِحْلة طيَران طويلة / قصيرة	long-haul/short-haul flight
رِحْلة اقتصاديّة	budget flight
إِرْتِفاع	altitude
اضْطِراب	turbulence
إِقْلاع	take-off
وُصُول	arrival
هُبُوط	landing
هُبُوط اضْطِراري	emergency landing
ترانزيت	stop-over
تأْخير	delay
طيَّار	pilot
كابْتن	captain
طاقَم	crew
طاقَم كابينة القِيَادة	cabin crew
مُضيف طيَران	flight attendant
مُسافِر	passenger
مُلْغي	cancelled
مُتأْخِّر	delayed

رُكُوب الطَّائرة يبْدأ في السَّاعة ٢٫٤٥ boarding starts at 2.45	حقائبُك بها ١٠ كيلُوات زَائدة your luggage is 10kg overweight

هَل تُحِبُّ أَن يَكُونَ مَقعَدُكَ بِجانِبِ النَّافِذَة أَم المَمَرّ؟
would you like a window or an aisle seat?

هَل حَزَمْتَ حَقائِبَكَ بِنَفسِك؟
did you pack all your bags yourself?

النِّداء الأَخير لِلرِّحلَة ايه بي ٢٢٢ إلى هيثرو
last call for flight AB222 to Heathrow

ثَبِّت حِزام مَقعَدِك
fasten your seat belt

حَقيبَتي لَم تَصِل
my suitcase hasn't arrived

وَجَدنا رِحلَة طَيَران رَخيصَة عَلى الإنترنِت
we found a cheap flight online

لَحِقَ – يَلحَقُ – اللِّحاق	to catch
أَخَذَ – يَأْخُذُ – الأَخْذ	to take
رَكِبَ – يَركَبُ – الرُّكُوب	to get on
نَزَلَ – يَنزِلُ – النُّزُول	to get off
اِنْتَظَرَ – يَنتَظِرُ – الاِنْتِظار	to wait (for)
وَصَلَ – يَصِلُ – الوُصُول	to arrive
غَيَّرَ – يُغَيِّرُ – التَّغيير	to change
تَوَقَّفَ – يَتوَقَّفُ – التَّوَقُّف	to stop
أَسرَعَ – يُسرِعُ – الإِسراع	to hurry
فاتَ – يَفُوتُ – الفَوات	to miss

حافِلَة	bus
أُوتوبيس بدَورَين	double-decker bus
حافِلَة	coach
مَكُوك	shuttle
تِرام	tram
مِترو	underground train
سَيَّارة أُجْرة	taxi

سائِق	driver
مُحَصِّل	conductor
سائِق تاكْسي	taxi-driver
راكِب	passenger

مِترو	underground, subway

مَحَطَّة مِترو	underground station
مَحَطَّة أُوتُوبيس	bus station; bus stop
مَكتَب حَجز	booking office
ماكينة تَذاكِر	ticket machine
غُرفَة انتِظار	waiting room
استِعلامات	enquiries
مَخرَج	exit
شَبكة	network
خَريطة مَسار أُوتُوبيس / ترام	bus/tram map
خَريطة مَسار مِترو	underground map
خَطّ	line
رِحلَة	journey
اتِجاه	direction
تَذكِرة	ticket
أُجرَة	fare
كارت مُواصَلات	travel card
تَذكِرة أُوتُوبيس مَوسِميَّة	bus season ticket
أُجرَة عاديَّة	standard rate
أُجرَة مُخفَّضة	reduced rate
أُجرَة طالِب	student rate
أُجرَة زائِدة	excess fare
خِلال ساعَة الذُّروَة	during the rush hour
خارِج ساعَة الذُّروَة	in off-peak hours

أذهَبُ إلى المَدرَسة بالأُوتُوبيس	أنا في الأُوتُوبيس
I go to school by bus	I'm on the bus

اِرْكَب الأُوتوبيس!
get on the bus!

بَعْد مَحَطَّتين من هُنا
it's two stops from here

اِنْزِل عند مَجْلِس المَدينَة
get off at the town hall

See also sections:

42 RAILWAYS and **43 FLYING**.

حجَزَ – يحجِزُ – الحجْز	to book a room
أقامَ – يُقيمُ – الإقامة	to stay
نزَلَ – ينزِلُ – النزُّول في فُنْدُق	to check in
غادرَ – يغادِرُ – مغادرة فُنْدُق	to check out
دفعَ – يدفعُ – دفع الفاتورة	to pay one's bill
طلبَ – يطلُبُ – طلب خدْمة الغُرف	to order room service
شكا – يشْكو – الشكْوى	to complain

لا غُرَف شاغِرة	no vacancies
مُغْلَق	closed
مُتضمَّن	included
شامِل	all-inclusive
خدْمة الذّات	self-catering
مُريح	comfortable

الفُنْدُق — **the hotel**

فُنْدُق (نجْمتين / ثلاثة / أرْبعة نُجوم)	(two-/three-/four-star) hotel
بَيْت ضيافة	guest house
موتيل	motel
شقَّة	apartment
فيلا	villa
كوخ	cottage
قائمة أسْعار	price list

مَوْسِم ذُرْوَة	high season
موسِم هُدُوء	low season
نِصْف إقامة	half board
إقامَة كَامِلة	full board
إفْطار	breakfast
إفْطار بُوفِيه مفْتوح	breakfast buffet
غَداء	lunch
عشاء	dinner
شَكْوَى	complaint
حَجْز	booking
بَقْشِيش	tip
فاتُورَة	bill
خِدْمة	service
خِدْمة الغُرَف	room service
خِدْمة الإيْقاظ	wake-up call
اسْتِقْبال	reception
قاعة انْتِظار	lobby
مكْتب الحَارِس	porter's desk
مطْعم	dining room
بـار	bar
جراج	car park
مِصْعَد	lift
رَدْهة	lounge
غُرْفة تليفزيون	TV room
حمّام سِباحة	swimming pool
مَخْرج طوارئ	emergency exit

نَزيل	guest
عَميل	client
مُدير	manager
مُوظَف اسْتِقْبال	receptionist
حارِس	porter
خادِمة غُرَف	chambermaid
خادِم فُنْدُق	bellboy
بَوَّاب	porter, doorman
نادِل	waiter

الغُرَف — **the rooms**

غُرْفة بسَرير واحِد	single room
غُرْفة لِشَخْصَيْن	double room
غُرْفة بسَريرَيْن	twin room
غُرْفة عائلِيّة	family room
جَناح	suite
سَرير	bed
سَرير مُزْدَوِج	double bed
سَرير طِفْل	cot
شَراشِف	bedding
فُوَط	towels
حَمّام	bathroom
دُش	shower
حَوْض	washbasin
ماء ساخِن	hot water
تَسْخين (مَرْكَزي)	(central) heating
تَكييف هَواء	air conditioning
صُنْدُوق أَمانات	safety deposit box
شُرْفة	balcony
مَنْظَر	view

مِفْتاح	key
مِفْتاح بِطاقة	keycard

هل يُمْكِنُني رُؤْية الغُرْفة أوّلاً؟
can I see the room first?

هل لَدَيْكُم غُرَف شاغِرة؟
have you got any vacancies?

غُرْفة بِحَمّام
a room with ensuite bathroom

غُرْفة تُطِلّ علَى البَحْر
a room with a sea view

مِفْتاح الغُرْفة رقم ١٢ من فَضْلِك
the key for room 12, please

هل السِّعْر شامِل الإفْطار؟
is breakfast included?

دَفْع الحِساب والمُغادَرة عند مُنْتَصَف النَّهار
check-out time is midday

الحَمّام في نِهاية الرَّدْهة
the bathroom is just down the hall

مَمْنوع الإزْعاج
do not disturb

هل يُمْكِنُنا دَفْع الحِساب من فَضْلِك؟
could we pay the bill, please?

هل هُناك مَكان أَتْرُك فيه حقيبتي؟
is there somewhere I can leave my bag?

هل يُمْكِنُنا الحُصول علَى بَطّانيّة أُخْرى من فَضْلِك؟
could we have an extra blanket, please?

Inf أقَمْنا في فُنْدُق شيك جدّاً
we stayed in a really posh hotel

خَيَّمَ – يُخَيِّمُ – التَّخْيِيم	to camp
ذَهَبَ – يَذهَبُ – الذَّهاب للتخْييم	to go camping
ذَهَبَ – يَذهَبُ – الذَّهاب لرِحْلَة بالكارَفان	to go caravanning
رَكِبَ – يَركَبُ – الرُّكوب أوتوستوب	to hitch-hike
نَصَبَ – يَنصِبُ – نَصْب الخَيْمَة	to pitch the tent
حَلَّ – يحِلُّ – حَلّ الخَيْمَة	to take down the tent
نامَ – يَنامُ – النَّوْم في العَراء	to sleep out in the open

مَكَان التَّخْيِيم	**campsite**
خَيْمَة	tent
غِطاء خارجِي للخَيْمَة	fly sheet
غِطاء للأَرْضِيَّة	ground sheet
وَتَد	peg
حَبْل	rope
سَرِير مَطَّاطِي	airbed
حَقِيبَة نَوْم	sleeping bag
كارَفان	caravan
كارَفان للتَّخْيِيم	camper van
مَقْطورة	trailer
مَوْقِع كارَفان	caravan site

دُشّ	shower
حمَّامات	toilets
مِياه شُرْب	drinking water
سلّة مُهْمَلات	rubbish bin
نار مُخيَّم	campfire
شِواء	barbecue
مَوْقِد مُخيَّم	camping stove
أُنْبوب غاز	Calorgas®
مِطواة جَيْب	pocket knife, penknife
قِدْر	saucepan
بطّاريَّة	torch
بَعُوْضة	mosquito
مَلْعَب	play area
نادي أطْفال	kids' club
قائِد أنْشِطة	activity leader

بيْت شَباب	**youth hostel**
مَهْجَع	dormitory
غُرْفة خاصّة	private room
زَميل	roommate
بِطاقة عُضْويَّة	membership card
كانْتين	canteen
مَطْبَخ	kitchen
غُرْفة ألْعاب	games room
حظْر تجوُّل	curfew
حَقيبة ظهْر	rucksack
أوتوسْتوب	hitch-hiking
شاليِه	chalet
مأوىً جبلي	mountain refuge

مَمْنُوع التَّخْييم
no camping

هَل يُمْكِنُنا التَّخْييم هُنا؟
may we camp here?

أَيْن يُمْكِنُنا إيقاف الكارَفان؟
where can we park our camper van?

أُريدُ مَكاناً لخَيْمَة واحِدَة ليَوْمَين
I'd like a space for one tent for two days

السِّعْر يَشْمَل المِلاءات النَّظيفَة
clean sheets are included

مِياه شُرْب
drinking water

سَبَح – يَسْبَح – السِّبَاحَة	to swim, to go for a swim
عَام – يَعُوم – العَوْم	to float
رَشَّ – يُرَشِّش – الترْشَاش	to splash about
غَاص – يَغُوص – الغَوْص	to go snorkeling
ذَهَب – يَذْهَب – الذَّهَاب للغَوْص	to go scuba diving
رَكِب – يَرْكَب – رُكُوب الأَمْواج	to go surfing
رَكِب – يَرْكَب – رُكُوب الرِّياح	to go windsurfing
تَزَلَّج – يَتَزَلَّج – التَّزَلُّج على الماء	to go waterskiing
غَرِق – يَغْرَق – الغَرَق	to drown
رَكِب – يَرْكَب – الرُّكُوب	to go on board
جَدَّف – يُجَدِّف – التَّجْدِيف	to row
أُصِيب – يُصَاب – الإِصَابة بِدُوار البَحْر	to be seasick
انْقَلَب – يَنْقَلِب – الانْقِلاب	to capsize
غَرِق – يَغْرَق – الغَرَق	to sink
نَزَل – يَنْزِل – النُّزُول من السَّفِينة	to disembark
حَفَر – يَحْفُر – الحَفْر	to dig
سَمَّر – يَسْمَرُّ – السُّمْرة	to tan
أَخَذ – يَأْخُذ – أَخْذ حَمَّام شَمْس	to sunbathe
تَعَرَّض – يَتَعَرَّض – التَّعَرُّض لِشَمْس مُحْرِقة	to get sunburnt
أَخَذ – يَأْخُذ – أَخْذ ضَرْبة شَمْس	to get sunstroke
تَقَشَّر – يَتَقَشَّر – التَّقَشُّر	to peel
في الظِّل	in the shade

فِي الشَّمْس	in the sun
عَلَى ظَهْرِ السَّفِينَة	on board
شَاطِئ	beach
رَمْل	sand
كَثِيب مِنَ الرِّمَال	sand dune
حَصَوَات	pebbles, shingle
عُشَّة	beach hut
كَابِينَة	cabin
صَخْرَة	rock
بِرْكَة مِيَاه بَيْنَ الصُّخُور	rock pool
بَحْر	sea
مَوْجَة	wave
مِلْح	salt
مَدّ وجَزْر	tide
مَدّ	high tide
جَزْر	low tide
حَاجِز الأَمْوَاج	sea wall
قَاع البَحْر	seabed
أُفُق	horizon
سَاحِل	coast
مِينَاء	harbour
رَصِيف مِينَاء	quay
مَرْسَى	marina
رَصِيف مِينَاء	pier, jetty
مُتَنَزَّه	esplanade
شَاطِئ البَحْر	seafront
شَاطِئ صَخْرِيّ	cliff
فَنَار	lighthouse

مَلْهَى	funfair
قَلْعة من الرُّمال	sand castle
نَخْلة	palm tree

رُبَّان	captain
بَحَّار	sailor
مُدرِّب سِباحة	swimming instructor
سَبَّاح	bather, swimmer
راكب أَمْواج	surfer
راكب رِياح	windsurfer

قَوْقعة	shell
سمكة	fish
سرطان البَحْر	crab
بَلَحُ البَحْر	mussel
نَجْم البَحْر	starfish
قَنْديل البَحْر	jellyfish
قُنْفُذ البَحْر	sea urchin
سمك قِرْش	shark
دُلْفين	dolphin
نَوْرَس	seagull

مَراكب	**boats**
سَفينة	ship
مَرْكب	boat
مَرْكب تَجْديف	rowing boat
مَرْكب شِراعي	sailing boat
يَخْت	yacht
سَفينة خطّ ملاحيّ مُنْتظم	liner
سَفينة رِحلات بَحْريَّة	cruise ship

زَوْرَق	dinghy
مِجْداف	oar
شِراع	sail
مِرْساة	anchor
حُطام سَفينة	wreck

لَوازِم الشَّاطِئ	**things for the beach**
مايوه	swimsuit/trunks
بيكيني	bikini
شِبْشِب	flip-flops
سارونج	sarong
نَظَّارات واقية	goggles
شنركل	snorkel
زَعْنَفة	flippers
لَوْح رُكوب أَمْواج	surfboard
عَوَّامة	rubber ring
مَرْتَبة هَوائيَّة	Lilo®, air mattress
سَرير شاطِئ	sun lounger
كُرْسِيّ قابِل للطَّيّ	deckchair
مظلة شاطِئ	parasol
واقٍ مِن الرِّياح	windbreak
قُبَّعة شَمْس	sunhat
نَظَّارة شَمْسِيَّة	sunglasses
زَيْت لِحَماية البَشَرة مِن الشَّمْس	suntan oil/lotion
زَيْت بَعد التَّعَرُّض للشَّمْس	aftersun
جاروف	spade
جَرّافة	rake
دَلْو	bucket
نُزْهة	picnic
بار شاطِئ	beach bar

مِياه شُرْب   drinking water

لا أَسْتَطيعُ السِّباحَة
I can't swim

المَاء جَميل!
the water's lovely!

آي، لَسَعَني قَنديل البَحْر
ouch! I've been stung by a jellyfish

هل يُمكِنُك وَضع بَعض كريم الوِقاية من الشَّمس على ظَهْري؟
can you put some suncream on my back?

لوْنُه أَحْمر مِثل الكَرْكَند
he's as red as a lobster

لا أَسْتَطيعُ أَن أَلْمَس قاع البَحْر
I can't touch the bottom

مَمْنُوع السِّباحَة
no bathing

يا لَهُ من يوْم قائِظ!
it's really hot today!

قَارَّة	continent
بَلَد	country
مِنْطَقة	area, region
إِقْليم	district
مَدينة	city
عَاصِمة	capital city
بَلْدة	town
قَرْيَة	village
جَبَل	mountain
سِلْسِلة جَبَلِيّة	mountain range
تَلّ	hill
قِمّة	summit, peak
وَاد	valley
شِعْب	pass
غَابة	forest
دَغْل	jungle
غَابة مُمْطِرة	rainforest
صَحْراء	desert
سَهْل	plain
هَضْبة	plateau
بُرْكان	volcano
نَهْر جَليدِيّ	glacier
كَهْف	cave

هوابط	stalactites
صواعد	stalagmites
بَحْر	sea
مُحيط	ocean
بُحَيْرة	lake
نَهْر	river
جَدْول	stream
قناة	canal
نَبْع	spring
ساحل	coast
جَزيرة	island
شِبْه جَزيرة	peninsula
خَليج	bay
مَصَبّ نَهْر	estuary
رَأْس	cape
خَليج	gulf
خَط عَرْض	latitude
خَط طُول	longitude
اِرْتِفاع	altitude
عُمْق	depth
مساحة	area
سُكّان	population
عالَم	world
كَوْن	universe
القُطْب الشَّمالي	North Pole
القُطْب الجَنوبي	South Pole

المَدَار الاسْتِوائي	tropics
خط الاسْتِواء	equator
الشَّمْس	sun
القَمَر	moon
كَوْكَب	planet
النِّظام الشَّمْسي	solar system
عُطارِد	Mercury
الزُّهَرَة	Venus
الأَرْض	Earth
المرِّيخ	Mars
المُشْتَرَى	Jupiter
زُحَل	Saturn
أُورانوس	Uranus
نِبْتون	Neptune
بْلوتو	Pluto
نَجْم	star
بُرْج	constellation
مَجَرَّة دَرْب التَّبَّانة	Milky Way
شِهاب	shooting star
مُذَنَّب	comet

ما هُوَ أَعْلَى جَبَل في العالَم؟
what is the world's highest mountain?

الأَرْض تَدُورُ حَوْل الشَّمْس
the Earth moves around the Sun

هُولَنْدا بلَد مُسْتَوٍ
the Netherlands is a flat country

See also sections:

49 COUNTRIES, CONTINENTS ETC *and* **50 NATIONALITIES**.

countries	بِلاد
Afghanistan	أَفْغانِستان
Algeria	الجَزائِر
Argentina	الأَرْجَنْتين
Australia	أَسْتُراليا
Austria	النِّمْسا
Bahrain	البَحرين
Belgium	بِلْجيكا
Brazil	البَرازيل
Canada	كَنَدا
Chile	تشيلي
China	الصِّين
Costa Rica	كُوسْتاريكا
Cuba	كوبا
Cyprus	قُبْرُص
Czech Republic	جُمْهورِيَّة التِّشيك
Denmark	الدَّنْمارك
Djibouti	جيبوتي
Dominican Republic	جُمْهورِيَّة الدومِنيكان
Egypt	مِصْر
England	انْجِلْترا، انْكِلْترا
Finland	فِنْلَنْدا
France	فَرَنْسا
Germany	أَلْمانيا
Great Britain	بَريطانيا

اليُونان	Greece
هُولَندا	Holland
هونج كونج	Hong Kong
المَجَر	Hungary
الهِنْد	India
أنْدُونيسيا	Indonesia
إيرَان	Iran
العِرَاق	Iraq
إسْرائيل	Israel
أيطاليا	Italy
اليَابَان	Japan
الأُردن	Jordan
الكويت	Kuwait
لُبْنَان	Lebanon
ليبيا	Libya
لُكْسُمْبورج	Luxembourg
مالْطة	Malta
موريتانيا	Mauritania
المكسيك	Mexico
المَغْرِب	Morocco
هُولَندا	Netherlands
أيرْلَندا الشَّماليَّة	Northern Ireland
النرْويج	Norway
عمَان	Oman
بَاكِسْتان	Pakistan
فِلسْطين	Palestine
بَنَما	Panama
بيرُو	Peru
بُولَندا	Poland
البُرْتَغال	Portugal

قطر	Qatar
رُوسِيا	Russia
المَمْلَكة العربِيَّة السَّعُودِيَّة	Saudi Arabia
اسْكُتْلندا	Scotland
سِنْغافُورة	Singapore
سلُوفاكيا	Slovakia
سلُوفِينيا	Slovenia
الصومال	Somalia
جنُوب أفرِيقيا	South Africa
إسْبانيا	Spain
السُّويد	Sweden
سويسرا	Switzerland
سُورِيَّة	Syria
تايْلندا	Thailand
تُونِس	Tunisia
تُرْكِيا	Turkey
الإمارات العربِيَّة المتَّحِدة	United Arab Emirates
أوكرانيا	Ukraine
المَمْلَكة المُتَّحِدة	United Kingdom
الوِلايات المُتَّحِدة	United States
ويلز	Wales

القَارات	**continents**
أفرِيقيا	Africa
أمرِيكا	America
أمرِيكا الشَّماليَّة	North America
أمرِيكا الجِنُوبيَّة	South America
الدَّائِرة القُطبِيَّة الجنُوبيَّة	Antarctica
آسِيا	Asia
أوروبًا	Europe

أُسْتُراليا	Australasia

مُدُن	**cities**
أمسْتردام	Amsterdam
أثينا	Athens
بَرْشلونة	Barcelona
بلفاست	Belfast
برْلين	Berlin
بروكسل	Brussels
كارْديف	Cardiff
كوبنْهاجن	Copenhagen
دَبْلن	Dublin
إدنْبرة	Edinburgh
ستوكهُولم	Stockholm
جنيف	Geneva
هلْسنْكي	Helsinki
لشْبونة	Lisbon
لَنْدَن	London
لوكْسُمْبورج	Luxembourg
مَدْريد	Madrid
مُوسْكو	Moscow
نيويورك	New York
أوسْلو	Oslo
باريس	Paris
بْراغ	Prague
روما	Rome
تالين	Talinn
فيينا	Vienna
وارْسو	Warsaw

أَقاليم	**regions**
العالَم الثّالث	the Third World
العالَم النّامي	the developing world
الدُّوَل الّتي تَتَحَدَّث الإنْجليزيَّة	the English-speaking world
غَرْب / شَرْق / وَسَط أُوروبا	Western/Eastern/Central Europe
الشَّرْق	the East
الشَّرْق الأوْسَط	the Middle East
الخَليج	the Gulf
الشَّرْق الأقْصى	the Far East
شَمال أفْريقيا	North Africa
الغَرْب	the West
البَلْقان	the Balkans

بِحار وأنْهار وجِبال	**seas, rivers and mountains**
البَحْر الْمُتَوَسِّط	the Mediterranean
بَحْر الشَّمال	the North Sea
الْمُحيط الأطْلَنْطيّ	the Atlantic
الْمُحيط الهادي	the Pacific
الْمُحيط الهنْديّ	the Indian Ocean
الْمُحيط الْمُتَجَمِّد الشَّمالى	the Arctic Ocean
مَضيق جَبَل طارِق	the Strait(s) of Gibraltar
الخَليج العَرَبي	the Persian Gulf
القَنال الإنْجليزى	the English Channel
نَهْر التَّيمْز	the Thames
جبال البيرينيه	the Pyrenees

جُزُر	**islands**
جُزُر الهِنْد الغَرْبيّة	the West Indies
الباهاماس	the Bahamas

جُزُر البليار	the Balearics
باربادوس	Barbados
برمُودا	Bermuda
جُزُر الكَناري	the Canary Islands
كريت	Crete
جُزُر فُولْكلاند	the Falkland Islands
جُزُر فارو	the Faroe Islands
فيجي	Fiji
جَاميْكا	Jamaica
مَدَغشْقَر	Madagascar
المَالديف	the Maldives
موريشوس	Mauritius
الفلبّين	the Philippines
بورتو ريكو	Puerto Rico
سَرْدينيا	Sardinia
سيشيل	the Seychelles
جُزُر شتْلاند	the Shetlands
صقليّة	Sicily
تريٰنيداد وتوباغو	Trinidad and Tobago
جُزُر فيرجين	the Virgin Islands

دَوْلَة نَاميَة a developing country	اليُونَان القَديمَة Ancient Greece
أنا من إدِنْبرة I come from Edinburgh	هُم أَفَارقة they're African

All ocean names take the definite article in Arabic.

See also section:

50 NATIONALITIES.

بِلاد	**countries**
أَجْنَبِي	foreign
أَفْغَانِي	Afghan
جَزَائِرِي	Algerian
أَمْرِيكِي	American
أَرْجَنْتِينِي	Argentinian
أُسْتْرَالِي	Australian
نِمْسَاوِي	Austrian
بَلْجِيكِي	Belgian
بْرَازِيلِي	Brazilian
بَرِيطَانِي	British
كَنَدِي	Canadian
تْشِيلِي	Chilean
صِينِي	Chinese
كُوبِي	Cuban
قُبْرُصِي	Cypriot
تْشِيكِي	Czech
دَنْمَارْكِي	Danish
هُولَنْدِي	Dutch
مِصْرِي	Egyptian
إِنْجْلِيزِي ، إِنْكِلِيزِي	English
فِنْلَنْدِي	Finnish
فَرَنْسِي	French
أَلْمَانِي	German

يُوناني	Greek
مَجري	Hungarian
هِنْدي	Indian
أَنْدونيسي	Indonesian
إيراني	Iranian
عِراقي	Iraqi
إيرلَنْدَيّ	Irish
إسْرائيلي	Israeli
إيطالي	Italian
يابانّي	Japanese
لُبْناني	Lebanese
ليبّي	Libyan
مالْطي	Maltese
مَكْسيكي	Mexican
مَغْرِبي	Moroccan
نُرْويجي	Norwegian
باكِسْتاني	Pakistani
فلَسْطيني	Palestinian
بيروي	Peruvian
بّولَنْدي	Polish
بُرْتُغالي	Portuguese
روسي	Russian
سَعودي	Saudi Arabian
اسْكُتْلَنْدي	Scottish
سِلوفاكي	Slovakian
سِلوفيني	Slovene
جَنْوب أفْريقي	South African
إسْباني	Spanish
سويدي	Swedish
سويسري	Swiss

تايْلَنْدي	Thai
تونسي	Tunisian
تُرْكي	Turkish
أوكْراني	Ukrainian

مَناطِق ومُدُن	**areas, cities etc**
شَرْقي	Oriental
غَرْبي	Western
أفْريقي	African
آسِيَوي	Asian
أوروبّي	European
شَرْق أوْسَطي	Middle Eastern
عَرَبي	Arab, Arabian

مُتَحَدِّثو العَرَبِيَّة	Arabic speakers
المِصْريون	the Egyptians
البَريطانيون	the British
الأَمْريكيون	the Americans

أُحِبُّ الأَكْل المَغْرِبي	المِصْريون وَدودون جِدّاً
I like Moroccan food	Egyptians are very friendly

See also section:

51 LANGUAGES.

درس – يدرُسُ – الدِّراسة	to study
تعلَّم – يتعلَّم – التَّعلُّم	to learn
حفظ – يحفظ – الحفظ	to memorize
تدرَّب – يتدرَّبُ – التَّدريب	to practise
فهم – يفهمُ – الفَهْم	to understand
تهجَّى – يتهجَّى – الهجاء	to spell
كتبَ – يكتُبُ – الكتابة	to write
قرأ – يقرأُ – القراءة	to read
تحدَّث – يتحدَّثُ – التَّحدُّث	to speak
تحدَّث – يتحدَّثُ – التَّحدُّث	to get by *(in a language)*
صحَّح – يُصحِّح – التَّصحيح	to correct
كرَّر – يكرِّرُ – التَّكرار	to repeat
ترْجم – يُترجِمُ – التَّرجمة	to translate
بَحث – يبحثُ – البحث عن كلمة في كِتاب	to look up
مُفْردات	vocabulary
قواعد	grammar
نَحْو	grammar
إملاء	spelling
ترْجمَة	translation
نُطق	pronunciation
لَهْجَة	accent
مُدرِّس لُغات	language teacher

مُساعد مُدَرِّس لُغات	language assistant
مَعْمَل لُغات	language laboratory
مُعْجَم	dictionary
قاموس	dictionary
مُعْجَم ثُنائِيّ اللُّغَة	bilingual dictionary
مُعْجَم أَحادِيّ اللُّغَة	monolingual dictionary
مَوْسُوعَة مُفْردات	thesaurus
مُعْجَم إِلِكْترونِي	electronic translator

لُغَة	language
لُكْنَة	dialect
عامِيَّة	colloquial
دارِج	slang
لُغَة أُمّ	native language
لُغَة أَجْنَبِيَّة	foreign language
لُغَة حَيَّة	modern language
لُغَة مَيْتَة	dead language

العَرَبِيَّة	Arabic
الصِّينِيَّة	Chinese
اليُونانِيَّة القَدِيمة	classical Greek
الدَّانِمِركِيَّة	Danish
الهُولَنْدِيَّة	Dutch
الإِنْكِليزِيَّة	English
الفِنْلَنْدِيَّة	Finnish
الفَرَنْسِيَّة	French
الغِيلِيَّة	Gaelic
الأَلْمانِيَّة	German
اليُونانِيَّة الحَدِيثَة	(modern) Greek
العِبْرِيَّة	Hebrew

المَجَرِيَّة	Hungarian
الإيطالِيَّة	Italian
اليابانِيَّة	Japanese
اللاتينِيَّة	Latin
النُرويجِيَّة	Norwegian
البولَنْدِيَّة	Polish
بالبُرْتغالِيَّة	Portuguese
الرُوسِيَّة	Russian
السُويدِيَّة	Swedish
التُرْكِيَّة	Turkish

هُوَ يَتَحَدَّثُ اللُغَة الإنْكليزِيَّة جيِّداً
he speaks good English

لا أَفْهَمُ
I don't understand

هل يُمكِنُكَ أَنْ تتحَدَّث ببُطء مِن فَضْلِك؟
could you speak more slowly, please?

مُنير جيِّد في اللُغات
Munir is good at languages

هل يُمكِنُكَ تكْرار هذا مِن فَضْلِك؟
could you repeat that, please?

ابْحَث عنْها في المُعْجَم
look it up in the dictionary

كيْفَ يُمكِنُكَ هِجاء هذا؟
how do you spell it?

لا أَسْتَطيعُ أن أنْطِق كلِمتيْن مَع بَعْضِهِما البَعْض!
I can hardly string two words together!

See also section:

50 NATIONALITIES.

52 الأَحْداث
INCIDENTS

حَدَثَ – يَحْدُثُ – الحُدوث	to happen
وَقَعَ – يَقَعُ – الوُقوع	to occur
قابَلَ – يُقابِل – المُقابَلَة	to meet
تَزامَنَ – يَتَزامَنُ – التَّزامُن	to coincide
أَسْقَطَ – يُسْقِط – الإسْقاط	to spill, to knock over
وَقَعَ – يَقَعُ – الوُقوع	to fall
أَفْسَدَ – يُفسِد – الإفْساد	to spoil
كَسَرَ – يَكسِرُ – الكَسْر	to break
أَحْدَثَ – يُحْدِثُ – الإحْداث	to cause
حَرَصَ – يَحرِصُ – الحِرْص	to be careful
نَسِيَ – يَنْسى – النِّسْيان	to forget
فَقَدَ – يَفقِدُ – الفَقْد	to lose
بَحَثَ – يَبحَثُ – البَحْث عَن	to look for
وَجَدَ – يَجِدُ	to find
تاهَ – يَتوهُ	to get lost

مَحْظوظ	fortunate, lucky
قَليل الحَظّ	unfortunate, unlucky
شارِد الذِّهْن	absent-minded
كَثير النِّسْيان	forgetful
أَحْمَق	clumsy
مُسْتَهْتِر	careless
غَيْر مُتَوقَّع	unexpected

بالصُّدْفَة	by chance

لحُسْن الحظّ	luckily, fortunately
لسُوء الحظّ	unfortunately

مُصادَفة	coincidence
مُفاجأة	surprise
مُقابلة	meeting, encounter
لقاء	encounter
فُرْصة	chance, opportunity
حظّ	luck
حظّ سعيد / سيّئ	good/bad luck
مصير	fate
خطأ	slip, mistake
سقْطة	fall
فُقْدان	loss

مكْتب مفْقودات	lost property office
مُكافأة	reward *(for finding something)*

لقد أسْقطْت الكتاب
you've dropped a book

سقطْتُ من على السُلّم
I fell down the stairs

Inf احْترس!
watch it!

Inf خسارة!
that's too bad!

يا لهُ من حظّ عاثر!
what bad luck!

آسف لقد نسيْتُ
sorry, it slipped my mind

وقع
he fell over

احْترس!
look out!

ياللمُصادفة!
what a coincidence!

كمْ أنْت مخْظوظ!
you're so lucky!

Homework help

One day, I ...
... ذاتَ مَرَّة كُنْتُ

Once I was in town/at the beach and ...
ذاتَ مَرَّة كُنْتُ في البَلْدَة / عَلى الشَّاطِئ و ...

Once when I was walking home/playing football ...
ذاتَ مَرَّة كُنْتُ أَمْشي في الطَّرِيق للبَيْت / أَلْعَبُ كُرَة القَدَم ...

A few weeks/years ago ...
مُنْذُ عِدَّة أَسابِيع / سَنَوَات ...

Last year ...
في السَّنَة الماضِيَّة ...

And then ...
وبَعْدَها ...

After that ...
بَعْدَ ذلك ...

Suddenly ...
فَجْأَةً ...

Soon ...
سَرِيعاً ...

Later ...
فيمَا بَعْد ...

Afterwards ...
بَعْدَ ذلك ...

Finally ...
وأخيراً ...

وقَع – يقَعُ – وُقوع حادِث	to have an accident
وقَع – يقَعُ – وُقوع في شرَك	to be trapped
هرَب – يهرُبُ – الهُروب	to escape
فقَد – يفقُدُ – فقْد الوعْي	to lose consciousness
استعاد – يستعيدُ – استعادة الوعْي	to regain consciousness
راح – يروحُ في غيْبوبة	to be in a coma
أنْقَذ – يُنقِذ – إنْقاذ	to rescue
استُدعى – يستُدعي – استدْعاء النّجْدة	to call the emergency services
شهِد – يشهَد – شهادة	to witness
ساعَد – يساعدُ – المُساعَدة	to help
احتفَظ – يحتَفِظ – الاحتِفاظ بالهُدوء	to keep calm
حقَّق – يحقِّقُ – التّحْقيق	to investigate
أعَدَّ – يعُدُّ – إعْداد تقْرير	to draw up a report
عوَّض – يعوِّضُ – التّعْويض	to compensate

سكْران	drunk, intoxicated
جريح	injured
ميِّت	dead
خطير	serious
مُميت	fatal
صغير	minor
مُؤمَّن عليه	insured

حَوادث مُرور	**road accidents**
ذهَب – يذهَب – الذِهاب بالسَّيَارة	to go (by car)

قادَ – يَقودُ – القِيادَة	to drive
زَحَمَ – يَزْحَمُ – الزِّحام	not to give way
تجاوَزَ – يَتَجاوَزُ – تجاوُز الضَّوْء الأَحْمَر	to go through a red light
تجاهَلَ – يَتَجاهَلُ – تجاهُل عَلامَة الوُقوف	to ignore a stop sign
انْزَلَقَ – يَنْزَلِقُ – الانْزِلاق	to skid
فَقَدَ – يَفْقِدُ – فُقدان التَّحَكُّم في	to lose control of
تَشَقْلَبَ – يَتَشَقْلَبُ – الشَّقْلَبَة	to somersault
صَدَمَ – يَصدِمُ – الصَّدْم	to hit
ارْتَطَمَ – يَرْتَطِمُ – الارْتِطام	to run into
دَهَسَ – يَدْهَسُ – الدَّهْس	to run over
حادِث سَيّارَة	car accident
حادِث سَير	road accident
حادِث دَرّاجَة نارِيَّة	motorbike accident
تصادُم	crash
صَدم بالسَيّارَة وهروب	hit-and-run
قانون المُرور	Highway Code
تَكَدُّس	pile-up
جانِب الطَّريق	hard shoulder
صَدْمَة	impact
وِسادَة هَوائِيَّة	airbag
سُرْعَة مُفْرِطَة	speeding
رُؤْيَة ضعيفة	poor visibility
ضَباب	fog
مَطَر	rain
ثَلْج غَير واضِح عَلى الطَّريق	black ice
جُرْف	cliff, precipice

اِختِبار تَنَفُّس	breath test
اِختِبار شُرب الخَمر لسائق السَّيَّارَة	Breathalyzer®

حَوادِث أُخرى — other accidents

حطَّم – يُحطِّم – التَّحطيم	to wreck
دَمَّر – يُدمِّر – التَّدمير	to destroy
انزَلق – ينزَلِق – الانزِلاق	to slip
غَرِق – يغرَق – الغرَق	to drown
اختَنق – يختَنِق – الاختِناق	to suffocate
وقَع – يقَع – الوُقوع (من)	to fall (from)
سقَط – يسقُط – السُّقوط	to fall out of the window
تعرَّض – يتعرَّض – التَّعرُّض لصدمة كهرِبائِيَة	to get an electric shock
صَعِق – يصعِق – صعْق النَّفس بالكهرِباء	to electrocute oneself
اشتَعل – يشتَعِل – الاشتِعال	to catch fire
أحرَق – يُحرِق – إحراق النَّفس	to burn oneself
جرَح – يجرَح – جُرح النَّفس	to cut oneself

إصابة عَمل	industrial accident
حادِث تسلُّق جِبال	mountaineering accident
سقوط	fall
صَدمة كهرِبائِيَة	electric shock
انفِجار	explosion

مُصابون — casualties

مُصاب	injured person
ميِّت	dead person
ضحيَّة	victim
ناجٍ	survivor

شاهِد	witness
اِرْتِجاج	concussion
إصابة	injury
حَرْق	burn
نَزيف	loss of blood

مُساعَدة · **help**

النَّجْدة	emergency services
إسْعافات أوَّليَّة	first aid
سَيّارة إسْعاف	ambulance
نَقّالة	stretcher
تَنَفُّس اصْطِناعي	artificial respiration
قُبْلة الحَياة	kiss of life
أوكْسِجين	oxygen
صُنْدوق إسْعافات أوَّليَّة	first-aid kit
سَيّارة إطْفاء	fire engine
مِطْفأة حَريق	extinguisher
خُرْطوم	hose
سَيّارة شُرْطة	police car
سَيّارة إنْقاذ السَّيّارات المُعَطَّلة	breakdown vehicle
شُرْطة	police
إطْفائيّ	firefighter
طَبيب	doctor
مُمَرِّض	nurse
مُسْعِف	paramedic

العَواقِب · **the consequences**

دَمار	damage

تَحْقيق	investigation
مَحْضَر	report
غَرامة	fine
مَحْكَمة	court
مُحاكَمة	trial
حُكْم	sentence
سَحْب رُخْصة القِيادة	loss of driving licence
تَأْمين	insurance
مَسْؤوليَّة	responsibility
خَسائِر	damages
تَعْويض	compensation

اذْهَب لِطَلَب المُساعَدة
go and get help

شاهَدْتُ الحادِث
I witnessed the crash

تَمَ شَطْبُ السَّيارة
the car was a write-off

النَّجْدة!
help!

أُطْلُب الإسْعاف
call an ambulance

دَهَسَتْها دَرَّاجة ناريَّة
she got run over by a motorbike

دَفَع غَرامة بِسَبَب قِيادة السَّيارة وهُو مَخْمُور
he got fined for drunk driving

فَقَد رُخْصة قِيادته
he lost his driving licence

See also sections:

6 HEALTH, ILLNESSES AND DISABILITIES, 26 CARS, 30 WEATHER
and **54 DISASTERS**.

54 كَوارث
DISASTERS

هاجَمَ – يُهاجِمُ – الهُجوم	to attack
دافَعَ – يُدافِعُ – الدِّفاع	to defend
انْهارَ – يَنْهارُ – الانْهيار	to fall down, to collapse
ماتَ – يَموتُ – المَوْت جوعاً	to starve
انْفَجَرَ – يَنْفَجِرُ – الانْفِجار	to erupt
تَفَجَّرَ – يَتَفَجَّرُ – التَفَجُّر	to explode
هَزَّ – يهزُّ – الهَزّ	to shake
خَنَقَ – يخنقُ – الخَنْق	to suffocate
اخْتَنَقَ – يخْتَنِقُ – الاخْتِناق	to choke
حَرَقَ – يحرقُ – الحَرْق	to burn
أخْمَدَ – يُخْمِدُ – إخْماد حَريق	to extinguish (a fire)
غرِقَ – يغْرَقُ – الغَرَق	to sink
نَبَّهَ – يُنَبِّهُ – التَّنْبيه إلى خطر	to raise the alarm
أنْقَذَ – يُنْقِذ – إنْقاذ	to rescue
أعادَ – يُعيدُ – إعادَة النِّظام	to restore order
حَفِظَ – يحفظُ – حِفْظ الأَمْن	to keep the peace

حَرْب	**war**
جَيْش	army
سِلاح البَحرِيَّة	navy
قوّات جَويَّة	air force
مَدَنيّون	civilians
جُنْدي	soldier
جُنْدي بحرِيَّة	Marine
لِواء	general

عَقيد	colonel
رَقيب	sergeant
نَقيب	captain
عَدُوّ	enemy
حَليف	ally
قُوّات حِفظ سلام	peacekeeping forces
ساحة مَعْرَكة	battlefield
حَرْب أَهْليَّة	civil war
حَرْب جُرْثوميَّة	biological warfare
أَسْلِحة	weapons
أَسْلِحة نَوويَّة	nuclear weapons
أَسْلِحة كيميائيَّة	chemical weapons
أَسْلِحة دَمار شامِل	weapons of mass destruction
قُنْبُلة ذَريَّة	atomic bomb
قُنْبُلة هَيْدروجينيَّة	hydrogen bomb
قَصْف	bombing
قُنْبُلة	bomb
قَذيفة	shell
صاروخ	missile
مَلْجأ من الغارات الجويَّة	air-raid shelter
ملجأ مَن الأسلحة النووية	nuclear shelter
دَبّابة	tank
بُنْدُقيَّة	gun
بُنْدُقيَّة آليَّة	machine-gun
لُغْم	mine
هُجوم إرْهابي	terrorist attack
جُرْح	wound
قَسْوَة	cruelty

تَعْذِيب	torture
مَوْت	death
انْتِصار	victory
هَزِيمَة	defeat
سَلام	peace
هُدْنَة	truce
مُعاهَدَة	treaty

كَوارِث طبيعيّة — **natural disasters**

وَباء	epidemic
تَغَيُّر المُناخ	climate change
فَيَضان	flooding
زِلْزال	earthquake
انهِيَار جليديّ	avalanche
مَوْجة عارِمَة	tidal wave
تِسُونامي	tsunami
إعْصار	hurricane
زَوْبَعَة	tornado
إعْصار حَلزُونيّ	cyclone
ثَوَران بُرْكانيّ	volcanic eruption
حُمَم بُرْكانية	lava
جَفاف	drought
مَجاعَة	famine
نَقْص	lack of

هَيْئَة مَعونة	aid agency
مُنَظَّمة إغاثة	relief organization
مُساعَدات إنْسانيَّة	humanitarian aid
الصَّليب الأحْمَر	the Red Cross

الهلال الأحمر	the Red Crescent *(version of the Red Cross operating in Muslim countries)*
فريق إنْقاذ	rescue team
مُتطوِّع	volunteer
مُصاب	casualty, injured person
ضحيَّة	victim
ناجٍ	survivor
جمْع تبرُّعات	fundraising
مياه شُرْب	drinking water
مُساعدات غذائيَّة	food parcel
مأوًى	shelter
بطانيَّة	blanket
دواء	medication

حَرائق fires

حَريق	fire
دُخان	smoke
لهَب	flames
فرْقة مطافئ	fire brigade
إطفائيّ	firefighter
سيَّارة إطفاء	fire engine
سُلَّم	ladder
خُرطوم	hose
مخْرج طوارئ	emergency exit
ذُعْر	panic

| النَّجْدة! | حريق! |
| help! | fire! |

هُناكَ حَرْبٌ أَهْلِيَّةٌ في سيراليون
there is a civil war going on in Sierra Leone

بريطانيا دَخَلَت الحَرْب مع ألمانيا في سنة ١٩٣٩
Britain went to war with Germany in 1939

نَحْنُ نَخُوضُ الحَرْبَ ضِدَّ الإرْهاب
we are fighting a war on terror

الفَيَضان أغْرَق مَنْزِلَنا
our home was flooded

ثارَ بُرْكان في اليابان
a volcano has erupted in Japan

الإطْفائِيّون سَيْطَروا عَلَى الحَريق
firefighters brought the blaze under control

الزِّلْزال شَرَّدَ الآلاف
the earthquake has left thousands of people homeless

المَجاعة يُمْكِنُ أَنْ تَقْضِي على مَلايين البَشَر
the famine could claim millions of lives

 ## Homework help

The biggest problem in the world today is ...
أَكْبَر مُشْكِلَة في العالم اليَوْم هي ...

I think it's terrible that ...
أَعْتَقِد أَنَّه مِن الفَظيع أَنْ ...

people are dying of starvation.
يَموت النّاس بِسَبَب المَجاعة.

children can't go to school.
لا يَسْتَطيع الأَطْفال الذَهاب للمَدارس.

people have lost their homes.
يَفْقِد النّاس بِيُوتِهم.

innocent people are being killed/
tortured.

يَتِمّ قَتْل / تَعْذيب الأَبْرياء.

The most important thing
is ...

أَهَمّ شيء هو ...

to rescue the victims.

إِنْقاذ الضَّحايا.

to feed the children.

إِطْعام الأَطْفال.

to educate people about ...

إِعْلام النّاس بِشَأن ...

to destroy the regime.

إِسْقاط النِّظام.

to establish peace.

تَحْقيق السَّلام.

We can help by ...

يُمْكِنُنا المُساعَدة من خلال ...

giving money to charity.

تَقْديم الأَمْوال للجَمْعِيّات الخَيْرِيَّة.

writing to our MPs.

الكِتابة لأَعْضاء البَرْلمان.

volunteering in the community.

التَّطَوُّع في المُجْتَمَع.

raising awareness.

زِيادة الوَعْي.

boycotting these products.

مُقاطَعَة هذه المُنْتَجات.

See also section:

34 TOPICAL ISSUES *and* **53 ACCIDENTS**.

اِقْتَحَمَ – يَقْتَحِمُ – الاِقْتِحام	to break in
سَرَقَ – يَسْرِقُ – السَّرِقَةَ بالإكراه	to hold up
سَطا – يَسْطو – السَّطْو	to burgle
سَلَبَ – يَسْلُبُ – السَّلْب	to rob
سَرَقَ – يَسْرِقُ – السَّرِقَة	to steal
قَتَلَ – يَقْتُلُ – القَتْل	to murder, to kill
اِغْتالَ – يَغْتالُ – الاِغْتِيال	to assassinate
طَعَنَ – يَطْعَنُ – الطَّعْن	to stab
خَنَقَ – يَخْنُقُ – الخَنْق	to strangle
أطْلَقَ – يُطْلِقُ – إطْلاق الرَّصاص	to shoot
سَمَّمَ – يُسَمِّمُ – التَّسْميم	to poison
هاجَمَ – يُهاجِمُ – المُهاجَمة	to attack, to assault
اِغْتَصَبَ – يَغْتَصِبُ – الاِغْتِصاب	to rape
أكْرَهَ – يُكْرِهُ – الإكراه	to force
اِبْتَزَّ – يَبْتَزُّ – الاِبْتِزاز	to blackmail
خَدَعَ – يَخْدَعُ – الخِداع	to swindle
اِحْتالَ – يَحْتالُ – الاِحْتِيال	to defraud
اِخْتَلَسَ – يَخْتَلِسُ – الاِخْتِلاس	to embezzle
تَجَسَّسَ – يَتَجَسَّسُ – التَّجَسُّس	to spy
تَعاطى – يَتَعاطى – تَعاطي المُخَدِّرات	to take drugs
اِخْتَطَفَ – يَخْتَطِفُ – الاِخْتِطاف	to kidnap
خَطَفَ – يَخْطِفُ – الخَطْف	to abduct
اِحْتَجَزَ – يَحْتَجِزُ – اِحْتِجاز رَهينة	to take hostage
اِخْتَطَفَ – يَخْتَطِفُ – اِخْتِطاف طائِرة	to hijack

نَسَفَ – يَنْسِفُ – النَّسْف	to blow up
أَشْعَلَ – يُشْعِلُ – إِشْعال النَّار	to set fire to
أَتْلَفَ – يُتْلِفُ – الإِتْلاف	to damage

طَوَّقَ – يُطَوِّقُ – التَّطْويق	to surround
أَنْقَذَ – يُنْقِذُ – الإِنْقاذ	to rescue
أَوْقَفَ – يُوقِفُ – الإِيْقاف	to arrest
فَتَّشَ – يُفَتِّشُ – التَّفْتيش	to search
حَقَّقَ – يُحَقِّقُ – التَّحْقيق	to investigate
اسْتَجْوَبَ – يَسْتَجْوِبُ – الاسْتِجْواب	to question, to interrogate
قاضَى – يُقاضِي – المُقاضاة	to prosecute
دافَعَ – يُدافِعُ – الدِّفاع	to defend
اتَّهَمَ – يَتَّهِمُ – الاتِّهام	to accuse
حاكَمَ – يُحاكِمُ – المُحاكَمة	to try (in court)
اتَّهَمَ – يَتَّهِمُ – الاتِّهام	to charge with
أَدانَ – يُدينُ – الإِدانة	to convict
حَكَمَ – يَحْكُمُ – الحُكْم على	to sentence
سَجَنَ – يَسْجُنُ – السَّجْن	to imprison
بَرَّأَ – يُبَرِّئُ – التَّبْرِئَة	to acquit
أَطْلَقَ – يُطْلِقُ – إِطْلاق سَراح	to release
جَدَّدَ – يُجَدِّدُ – تَجْديد حَبْس	to be remanded in custody
أَطْلَقَ – يُطْلِقُ – إِطْلاق سَراح بكَفالة	to release on bail

مُذْنِب	guilty
بَريء	innocent
مَمْنوع	forbidden

جَريمَة	**crime**
سَرِقة	theft
سَرِقة بالإِكْراه	hold-up, armed robbery

سَلْب	mugging
مُهاجَمَة	attack
قَتْل عَمْد	murder
قَتْل خَطأ	manslaughter
اِختِطاف	kidnap
إيذاء	abuse
قَسْوَة	cruelty
إهمال	neglect
اِغتِصاب	rape
اِعتِداء جِنْسي	sexual assault
اِحتِيال	fraud
تَزْوير	forgery
سَرِقة هُوِيَة	identity theft
اِحتِيال	confidence trick
اِبتِزاز	extortion, blackmail
اِتِّجار في المُخَدِّرات	drug dealing
دِعارة	prostitution
تَهْريب مُخَدِّرات	drug trafficking
تَهْريب	smuggling
تَجَسُّس	spying
إرْهاب	terrorism
إخْلال بالأَمْن العام	breach of the peace
قاتِل	murderer
سَفّاح	serial killer
لِصّ	thief, burglar
نَشّال	pickpocket
قاطِع طَريق	mugger
سارِق بالإكْراه	armed robber

مُهاجِم	attacker
مُغْتَصِب	rapist
خاطِف	kidnapper
رَهِينَة	hostage
مُرْتَكِب جَريمة جِنْسِيَّة	sex offender
مُهَرِّب	smuggler
تاجِر مُخَدِّرات	drug dealer
مُهَرِّب أَشْخاص	people trafficker
قَوَّاد	pimp
مُحْتال	confidence trickster
حارِق	arsonist

مُجْرِم	criminal
حَدَث	young offender
قاصِر	minor

سِلاح **weapons**

مُسَدَّس	pistol
بُنْدُقِيَّة	gun, rifle
سِكِّين	knife
خَنْجَر	dagger
هِرَاوة	club
سَمّ	poison
لَكْمة	punch
رَكْلة	kick

شُرْطة **police**

ضابِط شُرْطة	police officer
ضابِط شُرْطة بِملابِس مَدَنِيَّة	plain-clothes police officer
أَمْن مَرْكَزي	riot police

مُخْبِر	detective
مُراقِب	superintendent
مُرْشِد	informer
مَحْضَر	report
تَحْقيقات	investigations
تَحْقيق	enquiry
دَليل	clue
خَيْط	lead
غارَة	raid
مَخْفَر شُرْطَة	police station
زِنْزانة	cell
سَيّارة شُرْطَة	police car
سارينة	siren
كَلْب بوليسي	police dog
هِراوَة	truncheon
قُيود	handcuffs
خوذة	helmet
دِرْع	shield
غاز مُسَيِّل للدُموع	tear gas

النِظام القَضائيّ	**the judicial system**
مُحاكَمة	trial
إثْبات	proof
حُكْم	sentence
غَرامَة	fine
خِدْمة اجْتِماعيَّة	community service
سَجْن	imprisonment
سِجْن	prison

سجين	prisoner
مُراقبة	probation
اعادة تأهيل	rehabilitation
سِجْن مَدى الحياة	life sentence
حُكم بالإعْدام	death sentence
الكُرْسي الكَهْرِبائي	electric chair
إخْفاق العَدالة	miscarriage of justice
مُتَّهم	accused
ضحيَّة	victim
شاهد	witness
مُحام	lawyer
قاضٍ	judge
هيْئَة مُحلَّفين	jury
دِفاع	defence

حُكم عليه بالسّجْن لمُدَّة عِشرين سنةً

he was sentenced to 20 years' imprisonment

Inf نصب عليها واستولى على تحويشة عُمرها

he conned her out of her life savings

يجبُ سجْنُهم!

they should be locked up!

دَرَّاجتي سُرِقت

my bike got stolen

Inf في السِّجْن

he's in the slammer

مُغامَرات وأَحْلام 56
ADVENTURES AND DREAMS

لَعِبَ – يَلْعَبُ – اللَّعِب	to play
مَرِحَ – يَمرَحُ – المَرَح	to have fun
تَخيَّل – يَتخيَّلُ – التَّخيُّل	to imagine
تَظاهَرَ – يَتَظاهَرُ – التَّظاهُر	to pretend
حَدَثَ – يَحْدُثُ – الحُدوث	to happen
اخْتَبَأَ – يَخْتَبِئُ – الاخْتِباء	to hide
هَرَبَ – يَهرُبُ – الهُروب	to escape
طارَدَ – يُطارِدُ – المُطارَدة	to chase
اكْتَشَف – يكْتَشِفُ – الاكْتِشاف	to discover
اسْتَكْشَف – يَسْتَكْشِفُ – الاسْتِكْشاف	to explore
جَرُؤَ – يَجرُؤُ – الجُرأَة	to dare
تَنكَّرَ – يَتَنكَّرُ – التَّنكُّر	to dress up (as a)
لَعِبَ – يَلْعَبُ – لَعِب الغُمَيضة	to play hide-and-seek
سَحَرَ – يَسحَرُ – السِّحْر	to bewitch
قَرَأَ – يَقرَأُ – قِراءة الطالِع	to tell fortunes
تَنبَّأَ – يتنبَّأُ – التَّنبُّؤ بالمُستَقبل	to foretell the future
حَلَمَ – يَحْلُمُ – حُلْم (بـ)	to dream (of)
حَلَمَ – يَحْلُمُ – حُلْم اليَقظة	to daydream
حَلَمَ – يَحْلُمُ – حُلْم كابوس	to have a nightmare

مُغامَرات	**adventures**
مُغامَرة	adventure
لُعْبة	game
رِحْلة	journey

هُروب	escape
تنكر	disguise
حادث	event
اكْتِشاف	discovery
مَخْبَأ	hiding place
كَهْف	cave
جزيرة	island
كَنْز	treasure
حظ سعيد / سيِّئْ	good/bad luck
خطر	danger
مُخاطرة	risk
شجاعة	courage
جُبْن	cowardice

حكايات وأساطير — **fairytales and legends**

أميرة	princess
أمير جميل	handsome prince
زَوْجَة أب شرِّيرة	wicked stepmother
ساحرة	witch
ساحِر	wizard, sorcerer, magician
جنِّي	genie
جنِّية	fairy
نبِيَ	prophet
قزم خُرافيّ	gnome
عفريت	imp, goblin
قزم	dwarf
عمْلاق	giant
شَبَح	ghost
هيْكل عظْميّ	skeleton
مصّاص دماء	vampire

تِنّين	dragon
مُسْتَذْئِب	werewolf
وَحْش	monster
غُول	ogre
قُرْصان	pirate
كائِن فَضائِيّ	alien
مَرْكَبة فَضائِية	space ship
طَبَق طائِر	UFO

بُومة	owl
ضِفْدَع	toad
قِطّ أَسْوَد	black cat
بَيْت مَسْكون	haunted house
غابَة	forest
جَبّانة	cemetery
عَصا سِحْرِية	magic wand
وَصْفة سِحْرِية	magic potion
تَعْويذة	spell
عَصا مِكْنَسة	broomstick
بِساط سِحْرِيّ	magic carpet
بَلّوْرة سِحْرِية	crystal ball
بَدْر	full moon
نِهاية سَعيدة	happy ending

سِحْر	magic
سِرّ	secret
خُرافة	superstition
أَوْراق قِراءة الطّالِع	tarot
تَنْجيم	astrology
دائِرة البُروج	zodiac

بُرْج	star sign
خَريطة البُروج	horoscope
بُرْج الدَّلْو	Aquarius
بُرْج الحوت	Pisces
بُرْج الثَّوْر	Taurus
بُرْج الحَمَل	Aries
بُرْج الجَوْزاء	Gemini
بُرْج السَرَطان	Cancer
بُرْج الأسَد	Leo
بُرْج العَذْراء	Virgo
بُرْج المَيْزان	Libra
بُرْج العقْرَب	Scorpio
بُرْج القَوْس	Sagittarius
بُرْج الجدْي	Capricorn

أَحْلام	**dreams**
حُلْم	dream
حُلْم يقظة	daydream
كابوس	nightmare
خيال	imagination
هلْوَسة	hallucination

العرّاف قرأ لي الكَفَّ
a fortune teller read my palm

يَتظاهرُون بأَنَّهُم قراصنة
they're pretending to be pirates

القَلْعة مَسْكونة
this castle is haunted

هَل تُوْمن بالأَشْباح؟
do you believe in ghosts?

ذاتَ يَوْم كَانت هُنَاك أميرَة ...
once upon a time there was a princess ...

وعاشوا في سَعادَة وهناء
they all lived happily ever after

رَنَّ – يَرِنُّ – الرَّنَّ	to ring
دَقَّ – يَدُقُّ – الدَّقَّ	to chime
تَكْتَكَ – يُتكْتكُ – التَكْتَكَة	to tick
عَدَّ – يَعُدُّ – العَدَ التَنازُلي	to count down
وَقَّت – يُوَقِّت – التَّوْقِيت	to time
قَدَّم – يُقَدِّم – تَقْدِيم السَّاعَة	to put the clocks forward
أَخَّر – يُوَخِّرُ – تَأْخِير السَّاعَة	to put the clocks back

أَشْياء تُوضِّح الزَّمَن	**things that tell the time**
ساعة	clock
ساعة يَد	watch
ساعة رَقْمِيَّة	digital watch
ساعة دَقَّاقة	grandfather clock
ساعة وَقْواق	cuckoo clock
مُنَبِّه	alarm clock
راديو بساعة	clock radio
ساعة إيقاف	stopwatch
تَوْقِيت شَمْسي	sun dial
عَقارب السَّاعة	hands of a watch
عَقْرب الدَّقائق	minute hand
عَقْرب السَّاعات	hour hand
عَقْرب الثَّواني	second hand
أَجْراس	bells
السَّاعة النَّاطقة	speaking clock

كَمِ السَّاعَة؟	**what time is it?**
السَّاعَة الواحِدَة	it's one o'clock
السَّاعَة الثّامِنَة صَباحاً	it's eight am/eight o'clock in the morning
السَّاعَة الثّامِنَة وخَمْس دَقائِق	five past eight
السَّاعَة الثّامِنَة والرُّبْع	a quarter past eight
السَّاعَة العاشِرَة والنِّصْف	ten thirty, half past ten
السَّاعَة الحادِيَة عَشْرَة إلّا الثُلُث	twenty to eleven
السَّاعَة الحادِيَة عَشْرَة إلّا الرُّبْع	a quarter to eleven
السَّاعَة الثّانِيَة عَشْرَة والرُّبْع	twelve fifteen
السَّاعَة الثّانِيَة عَشْرَة والرُّبْع	a quarter past twelve
السَّاعَة الثّانِيَة بَعْدَ الظُّهْر	two pm, two o'clock in the afternoon
الثّانِيَة والثُلُث بَعْدَ الظُّهْر	two thirty pm
العاشِرَة مَساءً	ten pm, ten o'clock at night

تَقْسِيمات الوَقْت	**divisions of time**
وَقْت	time
لَحْظَة	moment, instant
ثانِيَة	second
دَقِيقَة	minute
رُبْع ساعَة	quarter of an hour
نِصْف ساعَة	half an hour
ثَلاثَة أرْباع السّاعَة	three quarters of an hour
ساعَة	hour
ساعَة ونِصْف	an hour and a half
يَوْم	day
شُروق	sunrise
فَجْر	dawn

بَواكير الصَّباح	small hours
صَباح	morning
ظُهْر	noon
بَعْد الظُهْر	afternoon
مَساء	evening
غُروب	sunset
غَسَق	nightfall, dusk
لَيْل	night
مُنْتَصَف اللَّيل	midnight
مِنْطقة زَمنِيَّة	time zone
تَوْقيت غرينيتش	Greenwich Mean Time

الالْتِزام والتَّأْخير — **being on time/late**

غادَرَ – يُغادِر – المُغادَرة في الموعِد	to leave on time
بَكَّرَ – يُبكِّرُ – البُكور	to be early
لدَيْه الكثير من الوَقْت	to have plenty of time
تأَخَّرَ – يَتأَخَّرُ – التَّأَخُّر	to be late
أسرَعَ – يُسْرِعُ – الإسْراع	to rush
عجِلَ – يَعْجَلُ – العجلة	to hurry (up)
تعجَّلَ – يتعجَّلَ – التَّعجُّل	to be in a hurry

مَتى؟ — **when?**

عِنْدَما	when
قَبْل	before
بَعْد	after
خِلال	during
مُبكِّر	early
مُتأَخِّر	late
فيما بَعْد	later
الآن	now

في هَذِهِ اللَّحْظَة	at the moment
حالاً	immediately, straight away
بَعْدَ ذلك	then *(next)*
في ذلك الحين	then *(at that time)*
مُؤَخَّراً	recently, lately
في غُضون ذلك	meanwhile
لِوَقْت طويل	for a long time
مُنْذُ زَمَن طويل	a long time ago
دائماً	always
أَبَداً	never
أَحْياناً	sometimes
غالِباً	often

كَمِ السّاعَة، مِن فَضْلِك؟	السّاعَة التّاسِعَة تَماماً
do you have the time, please?	it's nine o'clock exactly
ما مَوْعِد مُغادَرَة القِطار؟	لَم يَحِنِ الوَقْت بَعْد
what time does the train leave?	it's not time yet
ساعَتي تُقَدِّم / تُؤَخِّر	ضَبَطْتُ ساعَتي
my watch is fast/slow	I've set my watch right
أَسْرِع وارْتَدِ مَلابِسك	لا تَتَأَخَّر!
hurry up and get dressed	don't be late!
لَيْسَ عِنْدي وَقْت للخُروج	
I haven't got time to go out	
أَكْمَلَ الماراثون في وَقْت قِياسيّ	
he ran the marathon in record time	

السَاعَة تَتَقَدَّم / تَتَأَخَّر في نهايَة الأُسْبوع
the clocks go back/forward this weekend

توجد سِتَّ ساعات فَرْق في التَّوْقيت
there's a six-hour time difference

58 الأُسْبوع
THE WEEK

الاثْنَيْن	Monday
الثُّلاثاء	Tuesday
الأَرْبَعاء	Wednesday
الخَميس	Thursday
الجُمْعَة	Friday
السَّبْت	Saturday
الأَحَد	Sunday

يوْم	day
أسْبوع	week
نهايَة الأُسْبوع	weekend
نِهايَة أُسْبوع طويْلة	long weekend
أُسْبوعانِ	fortnight

اليَوْم	today
غَدا	tomorrow
بَعْدَ غَدَ	the day after tomorrow
أمْس	yesterday
أوَّل أمْس	the day before yesterday
اليَوْم السَّابِق	the day before
اليَوْم التَّالي	the day after
بَعْد يَوْمَين	two days later

هذَا الأُسْبوع	this week
الأُسْبوع المُقْبِل	next week

الأُسْبوع الماضي	last week
الاثْنَيْن الماضي	last Monday
الأَحَد المُقْبِل	next Sunday
بَعْد أُسْبوع	in a week's time, a week today
بَعْد أُسْبوعين	in two weeks' time
بَعْد يوْم الثّلاثاء بأُسْبوع	a week on Tuesday
صَباح أمْس	yesterday morning
بَعْد ظُهْر أمْس	yesterday afternoon
لَيْلة أمْس	last night
هذا المساء	this evening
اللَّيْلة	tonight
غداً صباحاً	tomorrow morning
بَعْد ظُهْر الغد	tomorrow afternoon
مُنْذُ ثلاثة أيّام	three days ago

يوْم السّبْت ذَهبْتُ لحَمّام السّباحة
on Saturday we went to the swimming pool

قابلْتُه في نهاية الأُسْبوع
I met him at the weekend

يوْم الأَحد نَبْقى في البيْت
on Sundays we stay at home

نَذْهب إلى السّينما كُلّ خميس
we go to the cinema every Thursday

نَراكم يوْم الاثْنَيْن
see you on Monday

نَراكم غداً!
see you tomorrow!

السَّنة 59
THE YEAR

شُهور السَّنة	the months of the year
يَناير	January
فبْراير	February
مارس	March
إبْريل	April
مايو	May
يونيو	June
يوليو	July
أغسْطس	August
سبْتمْبر	September
أكتوبر	October
نوفمْبر	November
ديسمْبر	December

التَّقويم الـهجْري	the Islamic (Hijri) calendar
مُحرَّم	Muharram
صَفر	Safar
رَبيع الأوَّل	Rabī' al-awwal
رَبيع الآخر	Rabī' al Thānī
جُمادى الأولى	Jumādā al-awwal
جُمادى الآخرة	Jumādā al-akhir
رَجب	Rajab
شعْبان	Sha'abān
رَمضان	Ramadān
شوَّال	Shawwal

ذو القَعْدة	Dhu al-Qi'dah
ذو الحِجَّة	Dhu al-Hijja

الفُصول   **the seasons**

الرَّبيع	spring
الصَّيْف	summer
الخَريف	autumn
الشِّتاء	winter

مَهْرَجانات   **festivals**

إجازة رسْميَّة	public holiday
عَشيَّة عيد الميلاد	Christmas Eve
عيد الميلاد	Christmas
لَيْلة رأس السَّنة	New Year's Eve
عيد رأس السَّنة	New Year's Day
عيد الفِصْح	Easter
الجُمْعة الحزينة	Good Friday
عيد الحُبّ	Valentine's Day

الخَريف هو فَصْلي المُفَضَّل
autumn is my favourite season

نَحْن نَحْتفل بالسَّنة الجَديدة
we're celebrating the New Year

تُمْطِر كَثيراً في مارس
it rains a lot in March

كُلَّ صيفٍ نَأْخُذُ إجازة
every summer we go on holiday

Note

★ The months of the year tend to have a different form in the area known as the Levant (Syria, Lebanon, Jordan, Palestine). These are:

كانُون الثّاني	شُبَاط	آذار
January	February	March

نيسان	أَيَار	حُزَيْران
April	May	June

تَمّوز	آب	أَيْلول
July	August	September

تِشْرين الأَوَّل	تِشْرين الثّاني	كانون الأَوَّل
October	November	December

Further spelling variations, based on French pronunciation, may be found in North Africa.

★ The Hijri calendar is a lunar calendar that has 12 months and is used by Muslims around the world to determine the time of pilgrimage, fasting etc.

See also sections:

40 GREETINGS AND POLITE PHRASES, 57 THE TIME, 58 THE WEEK *and* **60 THE DATE**.

60 التَّاريخ
THE DATE

الماضي	the past
الحاضر	the present
المُستَقبَل	the future
تاريخ	history
ما قَبْل التَّاريخ	prehistory
العُصور القديمة	antiquity, ancient history
القُرون الوُسطى	Middle Ages
القَرْن التَاسع عشر	the nineteenth century
القَرْن الحادي والعشْرون	the twenty-first century
سنة ٢٠٠٠	the year 2000
تاريخ	date
ذكرى سنويَّة	anniversary
جيل	generation
حاضر	current
حديث	modern
حاضر	present
ماضٍ	past
مُستَقبِل	future
سنويّ	annual
شهريّ	monthly
أسبوعيّ	weekly
يوميّ	daily

في الماضي	in the past
في الأيّام الغابرة	in the olden days
سابقاً	formerly
في تلكَ الأيّام	in those days
حينذاك	at that time
في الوقت الحاضر	nowadays
في المُستقبَل	in the future
في بِداية / نهايَة القَرْن	at the beginning/end of the century
في مُنتَصَف القَرْن	in the middle of the century
في مُنتَصَف الخَمسينات	in the mid-fifties
السِّتينات / التِّسعينات	the 60s/90s

رَدْح	a long time
أبداً	never
دائماً	always
أَحْياناً	sometimes
عندَما	when
مَنْذُ	since
لا يزال	still
مَرّة أُخرى	again
قَبْل الميلاد	BC
ميلاديّة	AD

ما تاريخ اليَوم؟	اليَوْم هو الثّامِن من مايو
what's the date today?	it's the eighth of May
٢١ أُكتوبر ٢٠٠٨	
the 21st of October 2008	

رَحَلَ مُنْذُ سنة
he left a year ago

عيد ميلادي في السَادِس من يوليو
my birthday is on the 6th of July

كان ياما كان في سالف الأزْمان، كان يوجد ...
once upon a time, there was ...

See also sections:

57 THE TIME, **58 THE WEEK** *and* **59 THE YEAR**.

صِفْر	zero
واحِد	one
اثْنان	two
ثَلاثَة	three
أَرْبَعَة	four
خَمْسَة	five
سِتَّة	six
سَبْعَة	seven
ثَمانِية	eight
تِسْعَة	nine
عَشَرَة	ten
أَحَدَ عَشَر	eleven
اثْنا عَشَر	twelve
ثَلاثَةَ عَشَر	thirteen
أَرْبَعَةَ عَشَر	fourteen
خَمْسَةَ عَشَر	fifteen
سِتَّةَ عَشَر	sixteen
سَبْعَةَ عَشَر	seventeen
ثَمانِيةَ عَشَر	eighteen
تِسْعَةَ عَشَر	nineteen
عِشْرون	twenty
واحِد وعِشْرون	twenty-one
اثْنان وعِشْرون	twenty-two
ثَلاثون	thirty
أَرْبَعون	forty

خَمْسون	fifty
سِتّون	sixty
سَبْعون	seventy
خَمْسة وسَبْعون	seventy-five
ثمانون	eighty
تِسْعون	ninety
مِئة ، مائة	a hundred
مِئات	hundreds
مِئة وثمانية	one hundred and eight
مِئة واثْنان وسِتّون	one hundred and sixty-two
مِئتان	two hundred
مِئتان واثْنان	two hundred and two
خَمْسمِئة	five hundred
سَبْعمِئة	seven hundred
تِسْعمِئة	nine hundred
أَلْف	a thousand
أَلْف وتِسْعمِئة وتِسْعون	one thousand nine hundred and ninety
أَلْفان	two thousand
خَمْسة آلاف	five thousand
عَشْرة آلاف	ten thousand
مِئة أَلْف	one hundred thousand
مِلْيون	a million
أَوَّل	first
ثانٍ	second
ثالِث	third
رابِع	fourth
خامِس	fifth
سادِس	sixth

سابِع	seventh
ثامِن	eighth
تاسِع	ninth
عاشِر	tenth
حادِيَ عَشَر	eleventh
ثانِيَ عشر	twelfth
ثالِثَ عشر	thirteenth
عِشْرون	twentieth
حادِيَ وعِشْرون	twenty-first
ثلاثون	thirtieth
مِئة	hundredth

رَقْم	figure
عَدَد	number
كَمِّية	amount, quantity
الأَرقام الرومانِية	Roman numerals

مِئَتا وَلَد ومِئَتا بِنْت
two hundred boys and two hundred girls

الفَصْل الثّالِث
chapter three

مِئة / ألف جُنَيْه
one hundred/thousand pounds

المَلِك تشارلز الأوَّل
King Charles the First

صَفْحة مِئة وعِشْرون
page a hundred and twenty

القَرْن الرّابِع عَشَر
the fourteenth century

العيد العِشْرون
the twentieth anniversary

اثْنان وثلاثة مِن عَشَرة (اثْنان فاصِل ثَلاثة)
two point three (2.3)

Note

Arabic digits are written as follows:

0	٠	5	٥
1	١	6	٦
2	٢	7	٧
3	٣	8	٨
4	٤	9	٩

Unlike words, numbers composed of more than one digit are written from left to right. For example:

١٥		٧٣
15		73
٥٠١		٢٠٠٩
501		2009

However, dates are written in the same direction as Arabic script, from right to left:

٢٠٠٩/١٢/٢٥
25/12/2009

25 December 2009

حسَب – يحسُب – الحساب	to calculate
قدَّر – يقدِّر – التَّقدير	to estimate
وزَن – يزِن – الوزن	to weigh
قاسَ – يقيسُ – القياس	to measure
عدَّ – يعُدُّ – العَدّ	to count
جمَع – يجمَع – الجَمع	to add
طرَح – يطرَح – الطَّرح	to take away
ضرَب – يضرِب – الضَّرب	to multiply
قسَم – يقسِم – القسمة	to divide
قسَم – يقسِم – القسمة	to share out
ملأ – يملأ – الملء	to fill
أفرَغ – يُفرِغ – الإفراغ	to empty
أزال – يُزيل – الإزالة	to remove
زاد – يزيدُ – الزِّيادة	to increase
قلَّل – يُقلِّل – التَّقليل	to reduce
كفَى – يكفِي – الكِفاية	to be enough

لا شَيء	nothing
كُل شَيء	everything
جَميع	all the ..., the whole ...
كل	all the ..., every ...
شَيء	something
بَعض	some
لا شَيء	none
بِضعة	several

كُلَ	every
الجميع	everybody
قليل	a little
مقدار ضئيل	a little bit of, some
كَثير	a lot, much
عَديد	a lot of, many
قليل	few
جدَاً	very
لا ...	no ...
أكْثر	more
أقَلَ	less
مُعْظم	most
كفاية	enough
مُفْرِط	too much/many

بالضَّبْط	exactly
حوالي	about
تقريباً	more or less
بالكاد	scarcely
فَقَط	just
لا غَيْر	only
على الأكْثر	at the most
على الأقَل	at least

نادر	rare
كاف	enough
مُساو	equal
مُمْتَلئ	full
فارغ	empty
ضِعْف	double

ثلاثَة أَضعاف	treble
كَثير (مِن)	loads (of)
قِطعة (مِن)	a piece (of)
كُوب (مِن)	a glass (of)
طَبَق (مِن)	a plate (of)
زُجاجَة (مِن)	a bottle (of)
عُلبَة (مِن)	a tin (of)
عُبوَّة (مِن)	a packet (of)
مِلعَقة (مِن)	a spoonful (of)
حَفنة (مِن)	a handful (of)
زَوج (مِن)	a pair (of)
دَستة	a dozen
نِصف دَستة	half a dozen
جُزء (مِن)	part (of)
نِصف	half
ثُلُث	third
رُبع	quarter
ونِصف	and a half
كُلّ	the whole
بَقيَّة	the rest/remainder
كَميَّة	quantity
عَدَد	number
لا نِهاية	infinity
مُتَوَسِّط	average
حِساب	calculation

أَوزان وقِياسات   **weights and measurements**

وَزن	weight

غرام	gramme
كِيلو	kilo
رِطل	pound
طُنّ	1000 kg, tonne
لِتر	litre
سِنتيمتر	centimetre
مِتر	metre
كِيلومِتر	kilometre
مِيل	mile

أُصِيب الكثيرُ من النّاس
many people were injured

لم يَبْقَ الكثير من النُّقود
there isn't much money left

قَضَيْنا مُعظم الوقت في الجِدال
we spent most of the time arguing

لدَيْنا بعْض اللوْحات
they have a few paintings

تحْتاجُ القليل من الاهتمام
she needs a little attention

تقْديري أنَّه يُكلِّف ٣٠٠ جُنيه
I estimate it will cost about 300 pounds

Inf عِنْدها أصْدِقاء كثيرون
she has loads of friends

Inf عِندي واجِبات كثيرة جداً
I've got tons of homework

Inf تفضَّل قطْعة حلْوى، عِنْدي الكثير
have a sweet, I've got loads

See also section:

61 NUMBERS.

حَجْم	size
عَرْض	width, breadth
ارْتِفاع	height
عُمْق	depth
طول	length
مَظْهَر	appearance
شَكْل	shape
جَوْدَة	quality
مِيزَة	advantage
عَيْب	disadvantage
جَمال	beauty
قُبْح	ugliness
كَبير	big, large
هائِل	enormous
صَغير	small
دَقيق	tiny
عريض	wide
ضَيِّق	narrow
سَميك	thick
سَمين	fat
رَفيع	thin
عَميق	deep
ضَحْل	shallow

طويل	long
قصير	short
طويل	tall
عالٍ	high
مُنْخَفِض	low

جذّاب	pretty
جميل	beautiful
رائع	lovely
حَسَن	good
أَحْسَن	better
الأَحْسَن	the best
مُمْتاز	excellent
رائع	superb
مُدْهِش	fantastic
مثالي	perfect
اسْتِثْنائي	exceptional
أَحْسَن نَوْعِيَّة	(of) top quality

قَبيح	ugly
سَيِّء	bad
أَسْوَأ	worse
الأَسْوَأ	the worst
رَهيب	appalling, horrible
فظيع	terrible
شَنيع	awful
رَديء	(of) poor quality

خفيف	light
ثقيل	heavy

صَلْب	hard
راسِخ	firm
قاسٍ	solid, sturdy
ناعِم	soft
هَشّ	tender
رَقيق	delicate
أَمْلَس	smooth, soft
لامِع	shiny
بَرّاق	sparkly

ساخِن	hot, warm
بارِد	cold
رَطْب	cool
فاتِر	lukewarm
جافّ	dry
نَدِيّ	wet
رَطْب	damp

بَسيط	simple
مُعَقَّد	complicated
صَعْب	difficult
سَهْل	easy
عَمَلي	practical, handy
مُفيد	useful
عَديم الفائدة	useless
عادِيّ	normal, ordinary
غَيْر عادِيّ	unusual

قَديم	old
عَتيق	ancient

جديد	new
حديث	modern
بطَل اسْتعْماله	out of date
مُعطّل	broken

نظيف	clean
قذِر	dirty
مُقَزِّز	disgusting

مُنْحَن	curved
مُسْتقيم	straight
مُسْتدير	round
دائري	circular
بيْضاوي	oval
مُسْتطيل	rectangular
مُربَّع	square
مُثلث	triangular
مُسْتطيل	oblong
مُسطَّح	flat

مُسْتحيل	impossible
مُمْكن	possible
ضَروري	necessary
جوْهري	essential

عُمْق النَّهْر ٦٠ سنتيمترا فَقَط
the river is only 60 cm deep

كان الجليد بعُمْق نصْف متْر
the snow was half a metre deep

ثلاثة أمْتار طولاً و متْر واحد عرْضاً
three metres long and one metre wide

سُمْك الحائط ٢٠ سَنْتيمتراً
the wall is 20 cm thick

الطُول / العَرْض ١٠ سَنْتيمترات
it's 10 cm wide/long

ما هَذا الشَّئ الأَزْرَق؟
what's that blue thing?

هو نَوْع من الدَّواليب
it's a sort of cupboard

أَيْن ذَهَب مِفتاح البَراغي؟
where's that spanner thingy gone?

See also section:

64 COLOURS.

قاتم	dark
فاتِح	light
زاهٍ	bright
باهِت	pale

بُنّي فاتِح	beige
أَسْوَد	black
أَزْرَق	blue
بُنّي	brown
ذَهَبِي	gold, golden
أَخْضَر	green
مُخْضَرّ	greenish
رَمادِيّ	grey
ضارِب الى الرَّمادي	greyish
كُحْلِيّ	navy blue
بُرْتُقالِي	orange
زَهْرِيّ	pink
أَرْجُوانِيّ	purple
أَحْمَر	red
مُحْمَرّ	reddish
فِضّيّ	silver
فَيْرُوزِيّ	turquoise
أَبْيَض	white
أَصْفَر	yellow
مُصْفَرّ	yellowish

اللَّوْن المُفَضَّل لَدَيَّ هو الأَخْضَر
my favourite colour is green

ما اللَّوْن المُفَضَّل لَدَيْك؟
what's your favourite colour?

هَذا أَزْرَق باهت
it's pale blue

ما هَذا اللَّوْن؟
what colour is it?

اِشْتَرَيْت تي شيرت زَهْري فاقع
I bought a bright pink t-shirt

هو مُحْمَرّ / مُخْضَرّ
it's reddish/greenish

طَبيعيّ	natural
صِناعيّ	synthetic
اصْطِناعيّ	artificial
زائِف	fake
يَدَويّ	handmade

مادة	substance
مَواد	materials
تُراب	earth
ماء	water
هَواء	air
نار	fire

حَجَر	stone
حَجَر كَريم	precious stones
بلُّور	crystal
رُخام	marble
جرانيت	granite
ألْماس	diamond
صَلْصال	clay

مَعْدِن	metal
ألومنْيوم	aluminium
برونْز	bronze
نُحاس	copper

نُحاس أَصْفَر	brass
قَصْدير	tin
حَديد	iron
صُلْب	steel
رَصاص	lead
ذَهَب	gold
فِضَّة	silver
بَلاتين	platinum
سِلْك	wire

خَرَسانَة	concrete
إِسْمَنْت	cement
طوب	brick
جِبْس	plaster
زُجاج	glass
خَشَب	wood
أُمْلود	wicker
قَشّ	straw
خَيْزُران	bamboo

كَرْتون	cardboard
وَرَق	paper
بَلاستيك	plastic
مَطّاط	rubber
شَمْع	wax

قُماش	**fabrics**
مَطّاطِيّ	stretchy
ناعِم	soft
مُريح	comfortable

مُتيبِّس	stiff
خَشِن	itchy
غَيْر مُريح	uncomfortable
قُطْن	cotton
صوف	wool
جِلْد	leather
جِلْد الظِّباء	suede
فِراء	fur
حَرير	silk
نايْلون	nylon
جينْز	denim
قُماش قُطْني مُخْمَلي	corduroy
قَطيفة	velvet
ليكرا ®	Lycra®

تَنُّورة جيْنز
a denim skirt

هذا البَيْت مَبْني مِن الطَّوب
this house is made of brick

مِلْعقة خَشَبيَّة
a wooden spoon

اشْتَرَيْت بَعْض قُماش السَّتائِر
I bought some curtain material

مِعْطَفي فِراء زائِف
my jacket is fake fur

فَقَدَ – يَفْقِدُ – فَقد الطَّريق	to be lost
تاه – يَتوه	to get lost
عَرَفَ – يَعْرِفُ – مَعْرِفة الطَّريق	to know the way
نَظَرَ – يَنْظُرُ – النَّظَر في الخريطة	to look at the map
سَأَلَ – يسأَلُ – السُّؤال	to ask
عَرَضَ – يَعْرِضُ – العَرْض	to show
أشارَ – يُشيرُ – الإشارَة	to point

اتِّجاهات البوصَلة	**the points of the compass**
شَمال	north
جَنوب	south
شَرْق	east
غَرْب	west
شَمال شَرْق	north-east
شَمال غَرْب	north-west
جَنوب شَرْق	south-east
جَنوب غَرْب	south-west

خُذْ	take
واصِل السَّيْر	keep going
اتْبَع	follow
مُرَّ	go past
ارْجِع	go back
اسْتَدِر يميناً / يساراً	turn right/left

اِتِّجاهات	**directions**
حَيْثُ	where
نَحْو	towards
في الاتِّجاه المُعاكِس	in the opposite direction
إلى الخَلْف	backwards
يَسار	left
يَمين	right
على / إلى اليَسار	on/to the left
على / إلى اليَمين	on/to the right
إلى الأمام	straight ahead
بِجانِب	beside
أمام	in front of
خَلْف	behind
بَعْدَ إشارة المُرور	after the traffic lights
عِنْدَ مُفْتَرق الطُرُق التّالي	at the next crossroads
الأوَّل إلى اليَمين	first on the right
الثّاني إلى اليَسار	second on the left
بالقُرْب مِن	near
بعيدا عن	far away

هل يُمْكِنُك إخْباري بكيفيَّة الوُصول للمحطَّة؟
can you tell me how to get to the station?

على بُعْد ١٠٠ مِتْر
100 metres away

حَوالي عَشْر دقائق مَشْي.
about ten minutes' walk

لَنْدن في جَنوب إنْجلْتِرا
London is in the south of England

هل يُمْكِنُك أنْ تُوضِّح لي على الخَريْطة؟
can you show me on the map?

إسْبَانيا تَقَع إلى جَنوب فَرَنسا
Spain is to the south of France

جَنوب القاهِرَة
south of Cairo

نَحْنُ تائِهون تَماماً
we're totally lost

لا يوجَد عِنْدي إدْراك للاتِّجاهات
I've got no sense of direction

INDEX

Note that entries refer to chapter numbers rather than page numbers.